基本法務・政策法務

自治体法務検定問題集

2020年度版

自治体法務検定委員会 編

JN091882

第一法規

自治体法務検定とは

　地方分権の推進により、自治体は、自らの判断で、知恵をしぼり工夫をこらして、最良の政策を推進していかなければなりません。そのためには、自らが責任をもって法令の解釈を行い、住民福祉の向上に資するための条例・規則を制定することが大切となってまいります。いま、「自治体法務」の重要性が唱えられているのは、まさにこのためなのです。

　自治体において法務に対するニーズが高まってきた要因としては、第1に、地方分権改革によって自治体が処理する事務の範囲が拡大したため、各自治体は法のルールに則って適正かつ透明な事務処理を行う責務があることがあげられます。第2に、わが国の民間企業には厳しい"コンプライアンス"や"コーポレート・ガバナンス"が求められるようになってきていますが、自治体に対しても全く同じことが求められているということがあります。自治体には、マスコミや住民からの非難を受けず、各種の争訟にも堪えうるような事前配慮が必要となります。

　これからの自治体は、住民に身近なところで、それぞれの地域にふさわしい独自の行政サービスを提供しなければなりません。そのためには、教育、福祉、環境、安心・安全、まちづくり、土地利用、産業振興、内部管理、情報、財務会計・監査等、多岐多彩な専門的能力をもった職員が必要となります。その際、自治体職員も、これらの各分野に共通した法的問題や地域独自の政策を法的に設計し構築するための法務能力を備えることが期待されます。

　このような要請を受けて、高い法務能力を備えた自治体職員を養成するための1つの手段として設けられたのが「自治体法務検定」という仕組みです。この検定は、「基本法務編」と「政策法務編」というそれぞれのテキストを勉強した上で、主にその中から出題される問題に答えていただき、その採点結果によって、その時点での受検者の法務能力を評価するというものです。ひと口に自治体といっても、都道府県や市町村はそれぞれ多種・多様であり、地域の独自性や自治行政の中での法務に対する比重の置き方もさまざまかと思いますが、これからの新しい時代の地方自治を担い、各自治体を牽引する役割を担う職員になっていただくためにも、一人でも多くの自治体職員の皆様に、「自治体法務検定」に参加していただけることを期待しています。

2013年9月

自治体法務検定委員会

委員長　塩野　宏

基本法務と政策法務

◎基本法務とは

自治体行政実務との関連をふまえ、法というものの基本を身につける。

　基本法務は、自治体が政策を推進していく上で欠かすことのできない基本法分野（憲法、行政法、地方自治法、民法、刑法）の知識と、政策を根拠づける法への理解力及び自治行政を推進するに際し必要となる国や自治体の法制に関する理解力などの、すべての自治体職員に必要とされる法務能力の向上を目指すものです。

　また、本検定は、単に基本法務の基礎知識の習得のみを目指すのではなく、それを自治体の実務にいかに活かすかという、いわば「考える自治体職員」としての力が身につくようにもなっています。

◎政策法務とは

「わがまち」の自治を創造するための法務知識を身につける。

　政策法務は、地方分権の趣旨を踏まえ、自ら法令を解釈・運用し、条例を制定し、自らの戦略に基づいて法務行政を行うなどの、自治体（と自治体職員）が自らの価値と判断に基づいて行政実務を推進していくための政策法務能力の習得を目指すものであり、行政法、地方自治法、行政学の分野を対象にしています。

　ひと通り備わった法務知識を基礎として、その法務知識を事案解決や新たな政策立案とその実現にいかに活かすか、法務の基礎力から応用力までを問います。

この問題集の使い方

◎問題集の位置づけ

この問題集は、2020年度自治体法務検定「基本法務」及び「政策法務」の一般受検で出題された問題とその解答及び解説です。

主に各自治体で勤務する職員が、『自治体法務検定公式テキスト　基本法務編』『自治体法務検定公式テキスト　政策法務編』（共に第一法規刊）で学習をした後に、この問題集を繰り返し解くことで、自治体法務検定委員会が認定する「プラチナクラス」「ゴールドクラス」「シルバークラス」を取得するに必要な法務能力を身につけ、もって各自治体の第一線で活躍できる公務員となることを目指すための問題集です。

なお、出題された問題は、主に2019年8月1日公布日現在の法令及び制度等を基にしています（2020年度検定対応の公式テキストに同じ）。

◎自治体法務検定受検対策として

自治体法務検定の受検に向けた学習において、実際に出題された問題を解くことによって、問題形式や問題の傾向、時間配分等を把握することができます（検定時間：各120分）。

◎自治体法務検定受検後のフィードバックとして

2020年度自治体法務検定一般受検の受検者が、解答を誤った問題について、どこをどう誤ったのか、その原因を確認するとともに、解説で盛り込まれる法令・判例等を理解することにより、出題された問題をより深く理解することができます。

◎自己研鑽の教材として

自らの法務能力の向上を目指し学習する自治体職員の自己研鑽のための教材として活用できます。また、『自治体法務検定公式テキスト　基本法務編』『自治体法務検定公式テキスト　政策法務編』を併用して学習することにより、より効果的に法務知識を身につけることができます。

◎自治体における法務研修時の演習問題用テキストとして

自治体法務検定で出題される問題は、自治体の実務に即した内容で構成されていますので、自治体で実施する法務研修等における演習問題として活用することができます。また、法務研修後の学習効果の測定手段としても活用することができます。

◎公務員試験等を目指す学生の模擬教材として

「基本法務」は、憲法、行政法、地方自治法、民法、刑法など幅広い法分野の知識を問う問題からなり、一方の「政策法務」にはより洞察力が必要な問題が含まれることから、本問題集は、各法分野を広く深く学習するのに最適なものであり、公務員試験等を目指す学生の受験対策として格好の模擬教材となるものです。

◎自治体法務検定委員会による認定について

　自治体法務検定委員会では、受検者が検定で獲得した点数により、次のようなクラス認定を行っておりますので、1つでも上のクラスを目指して頑張ってください。

　　シルバークラス：500〜699点

　　ゴールドクラス：700〜899点

　　プラチナクラス：900〜1000点

◎凡例

　本書では、以下の略語を使用しています。

基本法務テキスト

　　自治体法務検定委員会編『自治体法務検定公式テキスト　基本法務編　2020年度検定対応』（第一法規、2020年）

政策法務テキスト

　　自治体法務検定委員会編『自治体法務検定公式テキスト　政策法務編　2020年度検定対応』（第一法規、2020年）

※「自治体法務検定」公式サイト（http://www.jichi-ken.com/）では、2020年度自治体法務検定一般受検の分析結果が掲載されていますので、ご参照ください。

◆装丁──篠　隆二

目　次 ————————————————————●

2020年度自治体法務検定問題集（2020年9月27日（日）実施）

自治体法務検定とは
基本法務と政策法務
この問題集の使い方

第1章　自治体法務検定　基本法務（2020年度）

第2章　自治体法務検定　政策法務（2020年度）

第1章　自治体法務検定　基本法務（2020年度）

第1節　問題

問1　Aが所有していた甲土地をめぐる争いに関する次の記述のうち、妥当なものを1つ選びなさい。

① Aは、Bに甲土地を売却した後、更にBへの売却の事実を知っているCにも甲土地を売却した。この場合、BがCに甲土地の所有権を主張するには登記は不要である。

② Aが死亡して甲土地をBが相続したところ、それ以前にAから甲土地を買い受けていたCがBに明渡しを請求した。この場合、CがBに甲土地の所有権を主張するには登記は不要である。

③ Aが、Bに騙されて甲土地をBに贈与し、所有権移転登記をした後に、贈与を取り消した。しかし、Aが取り消した後、A名義の登記を回復する前に、Bが、ＡＢ間の詐欺の事実について善意無過失のCに甲土地を譲渡した。この場合、AがCに甲土地所有権を主張するには登記は不要である。

④ A所有の甲土地を占有していたBが、甲土地の所有権を時効の完成により取得した後に、AがCに対して、甲土地を譲渡した。この場合、BがCに甲土地の所有権を主張するためには、登記は不要である。

問2　法令相互の関係に関する次の記述のうち、最も妥当なものを1つ選びなさい。

① 「後法は前法を破る」の原則により、先に制定された法律と後に制定された省令との間に矛盾・抵触がある場合、省令が優先する。

② 「特別法は一般法に優先する」の原則により、法律の規律対象のうちの一部について規律をする政令は、その規律内容が当該法律と矛盾・抵触があっても、有効である。

③ 「上位法は下位法に優先する」の原則により、法律と政令の間に矛盾・抵触関係があるときは、法律が優先する。

④ 「上位法は下位法に優先する」の原則により、法律と条例の間に矛盾・抵触関係があるときは、法律が優先する。

問3　両罰規定に関する次の記述のうち、妥当なものを1つ選びなさい。

① 両罰規定とは、未成年者であっても成人であっても同じように処罰する規定のことである。

② 両罰規定とは、自然人であっても法人であっても同じように処罰する規定のことである。

③ 両罰規定とは、正犯のほかに教唆犯が成立するとき、正犯と教唆犯の両方を処罰する規定である。

④ 両罰規定とは、違反行為を行った従業者と法人の両方を処罰する規定である。

問4　法の支配の概念に関する次の記述のうち、最も妥当なものを1つ選びなさい。

① 法の支配といえるためには、成文の憲法典を備えている必要がある。

② 法の支配といえるためには、裁判所が違憲立法審査権を有していなければならない。

③ 法の支配は、共和制の政体とは結びつくが、立憲君主制とは結びつかない。

④ 法の支配と法治主義を区別する立場は、法の支配を立憲主義に近いものとみている。

問5 次の記述のうち、事務管理が成立する事例として最も妥当なものを、①〜④の中から1つ選びなさい。

① 契約に基づく事務的管理を実施した場合

② 土手をランニング中に川で溺れている子供を発見したため、自ら川に入って救出した場合

③ 隣家の花壇の一部の花が枯れていたので、無断で咲いている花を含め全て刈り取った場合

④ 雨が降り出しそうになったので、自宅に干していた洗濯物を自ら取り込んだ場合

（参考）民法
（事務管理）
六百九十七条　義務なく他人のために事務の管理を始めた者（略）は、その事務の性質に従い、最も本人の利益に適合する方法によって、その事務の管理（略）をしなければならない。
2　（略）

問6 次の設例に関する①〜④の記述のうち、妥当でないものを1つ選びなさい。

（設例）
A市市長は、A市が出資するB社の経営状況の悪化に伴い、B社への補助金の支出を決定した（以下、「本件補助金」という）。しかし、B社はA市が補助金を支出した段階ですでに破綻状態であったため、A市市民Cは、当該補助金の支出は違法であるとして、住民監査請求を経て、A市市長への損害賠償請求を行うよう求める住民訴訟を提起した。A市議会は、A市市長に対する賠償請求は過酷であるとして、A市市長をなんとか免責できないかと考えている。なお、A市においては、地方自治法に基づき、住民訴訟での損害賠償責任につき一定額を超える場合には免責することを認める条例（以下、「本件条例」という）が制定されているものとする。

① 仮に、A市市長が本件補助金の支出を決定するにあたり、重大な過失があった場合には、本件条例の適用はなく、A市市長は本件条例による免責を受けることはできない。

② A市議会が、本件条例によって免責される金額を超えてA市市長を免責する免責議決を行うことは、地方自治法上明文の規定で禁じられており、違法となる。

③ A市議会は、本件条例を改廃する議決をしようとするときは、あらかじめ監査委員の意見を聴かなければならない。

④ 本件条例の免責額は、地方公共団体の長の職責そのほかの事情を考慮して、政令で定める基準を参酌するなどして定められる。

問7　地方公共団体の協力方式の一つである連携協約に関する次の記述の空欄に入る語句の組合せとして正しいものを、①～④の中から1つ選びなさい。

> 　連携協約とは、地方公共団体が、他の地方公共団体との（　ア　）により、それら地方公共団体の区域における事務の処理にあたっての基本的な方針及び（　イ　）分担を定める協約を締結して、当該事務の処理にあたっての地方公共団体間の連携を図るためのものである。

① 　ア：合意　　イ：機能
② 　ア：合意　　イ：役割
③ 　ア：協議　　イ：役割
④ 　ア：協議　　イ：機能

問8　損害賠償に関する次の記述のうち、妥当なものを1つ選びなさい。
① 　債務不履行によって発生した損害のうち、特別事情によって発生した損害であっても当事者がその事情を予見すべきであったものは、賠償範囲に含まれる。
② 　建物の売買で、その建物の価格は賠償範囲に含まれるが、その建物を転売して得られるはずであった利益は、賠償範囲に含まれない。
③ 　債務不履行自体に関して債権者の過失があったときは、債権者は損害賠償を請求することができないが、損害の拡大に関して債権者の過失があったときは、裁判所が賠償額を減額することができるだけである。
④ 　将来生じる損害について、現在賠償金を受け取る場合には、利息分が法定利率によって加算される。

問9　地方公共団体の締結する契約に関する次の記述のうち、妥当なものを1つ選びなさい。
① 　地方公共団体が売買等の契約を締結する場合、一般競争入札、指名競争入札、随意契約又はせり売りの方法によるものとされ、一般競争入札によるか、指名競争入札によるかは、個別具体の事案ごとに地方公共団体の長の任意の判断によって決定することができる。
② 　一般競争入札又は指名競争入札に付する場合においては、政令の定めるところにより、契約の目的に応じ、予定価格の制限の範囲内で最高又は最低の価格をもって申込みをした者を契約の相手方とすることが原則となっている。
③ 　一般競争入札は、不特定多数のものを参加させて入札を行うことで契約の相手方を決定するものであるから、当該入札の参加者の資格を制限することは法令上認められていない。
④ 　一般競争入札又は指名競争入札について納付させた入札保証金は、落札者が契約を締結しないときであっても、地方公共団体は当該入札保証金を当該落札者に返還しなければならない。

問10　無効等確認の訴えに関する次の記述のうち、妥当なものを1つ選びなさい。
① 　行政処分の無効を主張する者が、その行政処分に後続する行政処分により損害を受けるおそれ

があるときは、当該後続する処分が未だ行われていなくても、当該後続する処分に関し無効等確認の訴えを提起することができる。

② 無効等確認の訴えの対象となる行政処分について、審査請求前置主義が採用されている場合、当該審査請求を経なければ無効等確認の訴えは提起できない。

③ 処分の無効を前提とした現在の法律関係に関する訴えにより目的を達成できる場合には、無効等確認の訴えを提起できなくなることがある。

④ 無効等確認の訴えに関しては、取消訴訟の原告適格に関する規定が明文で準用されている。

問11 嫡出でない子の法定相続分を嫡出子の2分の1とする民法の規定（以下、「本件規定」という）を違憲と判断するための理由づけとして最も妥当でないものを、①～④の中から1つ選びなさい。

① 本件規定を含む法定相続分の定めは、遺言による相続分の指定等がない場合などにおいて補充的に機能する規定である。

② 本件規定の合理性は、個人の尊厳と法の下の平等を定める憲法に照らし、嫡出でない子の権利が不当に侵害されているか否かという観点から判断されるべき法的問題である。

③ 本件規定の定めは、嫡出でない子を嫡出子に比べて劣るものとする観念が社会的に受容される余地をつくる重要な一原因となっている。

④ 昭和22年民法改正時から現在に至るまでの認識の変化に伴い、子を個人として尊重し、その権利を保障すべきであるという考えが確立されてきている。

問12 地方公共団体の住民の権利に関する次の記述のうち、妥当でないものを1つ選びなさい。

① 最高裁判所の判例によると、外国人には、地方公共団体の長やその議会の議員等の選挙の権利は保障されていないが、法律をもって、地方公共団体の長やその議会の議員等に対する選挙権を外国人に付与する措置を講ずることが、憲法上禁止されているわけではない。

② 地方自治法は、市町村の区域内に住所を有する者は、当該市町村及びこれを包括する都道府県の住民とすると定めているが、ここでいう住民には法人は含まれない。

③ 地方公共団体が、住民に対して、正当な理由がないにもかかわらず、公の施設の利用を拒否することは地方自治法に反し、違法である。

④ 住民の住所の認定について、ある県に属する市町村の市町村長の間で意見が分かれ、その協議がととのわないときは、県知事に対し、その決定を求める旨を申し出なければならない。

問13 地方公共団体に関する次の記述のうち、妥当でないものを1つ選びなさい。

① 財産区は、地方公共団体ではない。

② 指定都市の区は、地方公共団体ではない。

③ 一部事務組合は、地方公共団体である。

④ 広域連合は、地方公共団体である。

問14　次の記述のうち、地方自治を保障する理由として妥当でないものを１つ選びなさい。

① 中央政府の行き過ぎを抑制する。

② 個人の積極的な政治参加が可能になる。

③ 合理的で効率的な業務遂行が可能になる。

④ 中央政府の民主的正当化に寄与する。

問15　次の設例に関する①～④の記述のうち、最も妥当でないものを１つ選びなさい。ただし、①～④の記述は、いずれも独立した肢であり、相互に無関係である。

（設例）

　戸建てＡを所有するＸは、令和２年４月１日以後、Ｙ社との間で、Ｙ社の従業員Ｚの社宅に利用する目的で、戸建てＡに関し、賃貸人Ｘ、賃借人Ｙ社とする賃貸借契約（以下、「本件賃貸借契約」という）を締結するとともに、本件賃貸借契約について、連帯保証契約を締結しようとしている。なお、この連帯保証契約は、一定の範囲に属する不特定の債務を主たる債務とする保証契約に該当する。

（参考）　民法

（個人根保証契約の保証人の責任等）

第四百六十五条の二　一定の範囲に属する不特定の債務を主たる債務とする保証契約（以下「根保証契約」という。）であって保証人が法人でないもの（以下「個人根保証契約」という。）の保証人は、主たる債務の元本、主たる債務に関する利息、違約金、損害賠償その他その債務に従たる全てのもの及びその保証債務について約定された違約金又は損害賠償の額について、その全部に係る極度額を限度として、その履行をする責任を負う。

２　個人根保証契約は、前項に規定する極度額を定めなければ、その効力を生じない。

３　第四百四十六条第二項及び第三項の規定は、個人根保証契約における第一項に規定する極度額の定めについて準用する。

（契約締結時の情報の提供義務）

第四百六十五条の十　主たる債務者は、事業のために負担する債務を主たる債務とする保証又は主たる債務の範囲に事業のために負担する債務が含まれる根保証の委託をするときは、委託を受ける者に対し、次に掲げる事項に関する情報を提供しなければならない。

一　財産及び収支の状況

二　主たる債務以外に負担している債務の有無並びにその額及び履行状況

三　主たる債務の担保として他に提供し、又は提供しようとするものがあるときは、その旨及びその内容

２　主たる債務者が前項各号に掲げる事項に関して情報を提供せず、又は事実と異なる情報を提供したために委託を受けた者がその事項について誤認をし、それによって保証契約の申込み又はその承諾の意思表示をした場合において、主たる債務者がその事項に関して情報を提供せず又は事実と異なる情報を提供したことを債権者が知り又は知ることができたときは、保証人

①　上記設例において、当該連帯保証契約は、書面又は保証契約の内容を記録した電磁的記録によってなされなければ一律無効である。

②　上記設例において、Zを連帯保証人とする場合、Zの連帯保証債務の極度額の定めがないときは、連帯保証契約は一律無効である。

③　上記設例において、Y社の求めを受けてZが連帯保証人となる場合で、かつ、Zの負担する連帯保証債務がY社の事業のために負担する債務と認められる場合、XがZに対して、民法465条の10第1項各号に掲げるY社の事由を伝えず、Zが当該事由につき誤認したときは、Zは同条第2項に基づき、当該連帯保証契約を取り消すことができる。

④　上記設例において、Y社の求めを受けてW社が連帯保証人となる場合で、かつ、W社の負担する連帯保証債務がY社の事業のために負担する債務と認められる場合、W社に民法465条の10第1項各号に掲げるY社の事由が伝えられず、W社が当該事由につき誤認していたときでも、W社は同条第2項に基づいて連帯保証契約を取り消すことはできない。

問16　次の事例に関する①〜④の記述のうち、妥当でないものを1つ選びなさい。

（事例）
　地方公共団体の職員Xは、同じアパートに住む幼馴染みのAと話している時、Aが別の地方公共団体に勤める夫Bから日常的に暴行を受けていることを知った。Bは外面がよく、職場の評判も悪くなかった。Xは友情と正義感からBの仮面をはがそうと、IT企業に勤める友人のYに相談したところ、Yは共感し、IT技術を駆使するなどしてBの身辺調査をした結果、Bの不倫の事実を発見した。事実を聞いたAはBに離婚を要求したが、Bは事実を認めず、暴行がエスカレートしただけであった。そこで、XとYは、Aの不倫とドメスティック・バイオレンスを暴露する内容をBの勤める地方公共団体のホームページにアップし、閲覧者が他の関連ページへの移動のためクリックするたびにその暴露内容を表示させた。またXは、住民票ファイル中のBの記録を改ざんした。

①　XもYも、公務執行妨害罪（刑法95条）で処罰されることはない。

②　偽計業務妨害罪の業務には、公務も含まれるとするのが判例であるから、その特別規定である電子計算機損壊等業務妨害罪（刑法234条の2）の共犯として、XとYは処罰される。

③　Yには公務員という身分はないが、Xとの共犯が成立するため、秘密を漏示する守秘義務違反の罪（地方公務員法60条2号）で、Xとともに処罰される。

④　Xには公電磁的記録不正作出罪（刑法161条の2第2項）が成立する。

問17　次の記述はそれぞれ、法律の条文からの抜粋である。下線部の行政機関が「行政庁」を意味する条文を、①～④の中から１つ選びなさい。

① 「検事総長は、最高検察庁の長として、庁務を掌理し、且つ、すべての検察庁の職員を指揮監督する。」（検察庁法７条１項）

② 「各省の長は、それぞれ各省大臣とし、内閣法……にいう主任の大臣として、それぞれ行政事務を分担管理する。」（国家行政組織法５条１項）

③ 「委員会及び庁の任務及びこれを達成するため必要となる所掌事務の範囲は、法律で定める。」（内閣府設置法51条）

④ 「公正取引委員会は、課徴金をその納期限までに納付しない者があるときは、督促状により期限を指定してその納付を督促しなければならない。」（私的独占の禁止及び公正取引の確保に関する法律69条１項）

問18　次の文章は、森林法共有林事件判決（最大判昭62・４・22民集41巻３号408頁）の一節を一部改変したものである。文中の空欄に入る語句の組合せとして妥当なものを、①～④の中から１つ選びなさい。

> 「財産権に対して加えられる規制が憲法29条２項にいう公共の福祉に適合するものとして是認されるべきものであるかどうかは、規制の目的、（　ア　）、内容、その規制によつて制限される財産権の種類、性質及び制限の程度等を比較考量して決すべきものであるが、裁判所としては、立法府がした右比較考量に基づく判断を尊重すべきものであるから、立法の規制目的が前示のような社会的理由ないし目的に出たとはいえないものとして公共の福祉に合致しないことが明らかであるか、又は規制目的が公共の福祉に合致するものであつても規制手段が右目的を達成するための手段として（　ア　）若しくは（　イ　）に欠けていることが明らかであつて、そのため立法府の判断が合理的裁量の範囲を超えるものとなる場合に限り、当該規制立法が憲法29条２項に違背するものとして、その効力を否定することができるものと解するのが相当である。」

① ア：明確性　　イ：必要性
② ア：必要性　　イ：合理性
③ ア：合理性　　イ：公共性
④ ア：公共性　　イ：明確性

問19　地方公共団体の議会に関する次の記述のうち、妥当でないものを１つ選びなさい。

① 議会の議事は、出席議員の過半数でこれを決し、可否同数のときは、議長の決するところによる。

② 議会の会議は、原則として公開で行われる。

③ 議会は、議員の定数の半数以上の議員が出席しなければ、会議を開くことができない。

④ 会期中に議決に至らなかった事件は、後会に継続する。

問20 国家賠償法2条1項の定める「公の営造物の設置又は管理」の「瑕疵」に関する次の記述のうち、妥当でないものを1つ選びなさい。

① 最高裁判所の判例によれば、国家賠償法2条1項の「設置又は管理」の「瑕疵」とは、通常有すべき安全性を欠いていることである。

② 国家賠償法2条1項の「公の営造物」とは、国や公共団体が直接公の目的のために使用し又は私人に使用させている個々の有体物のことである。

③ 国家賠償法2条1項の「公の営造物」には、道路などの人工公物や河川などの自然公物のほか、テニスの審判台などの動産も含まれる。

④ 最高裁判所の判例によれば、国道が使用される際に利用者以外の者に対して騒音等の被害を及ぼす場合であっても、当該国道の道路としての機能に問題がなければ、国家賠償法2条1項の「瑕疵」は否定される。

問21 次の架空の条文の組立てに関する①〜④の記述のうち、妥当でないものを1つ選びなさい。

> ₐ如何なる者もこの橋渡るべからず。ᵦただし、次の各号に定める場合を除く。
> ꜀1 急病の者を病院に搬送するため必要な場合。
> 2 地震、津波その他市長が規則で定める自然災害から逃れるためにやむを得ない場合。
> 3 前各号に定める場合に準ずるものとして、市長が規則で定める場合。

① 下線部aを柱書きという。

② 下線部bをただし書きという。

③ 下線部cを各号列記という。

④ 下線部a、b、c全部、本則である。

問22 消滅時効に関する次の記述のうち、妥当なものを1つ選びなさい。

① 人の生命又は身体を害する不法行為による損害賠償請求権の消滅時効は、被害者又はその法定代理人が、損害又は加害者を知った時から3年間行使しないとき、時効によって消滅する。

② 商事債権は、権利を行使できる時から10年、債権者が権利を行使することができることを知った時から5年で消滅時効が完成する。

③ 国税の徴収権は、その国税の法定納期限から10年間行使しないことによって、時効により消滅する。

④ 普通地方公共団体に対する金銭債権は、これを行使することができる時から10年間行使しないときは、時効によって消滅する。

問23 地方公共団体の執行機関に関する次の記述のうち、最も妥当でないものを1つ選びなさい。

① 議会の権限に属する軽易な事項については、その議決により特に指定しなくとも、長は、その議決すべき事件を処分することができる。

② 議会において議決すべき事件を議決しないときは、長は、その議決すべき事件を処分することができる。

③ 議会が成立しないときは、長は、その議決すべき事件を処分することができる。

④ 長において議会の議決すべき事件について特に緊急を要するため議会を招集する時間的余裕がないことが明らかであると認めるときは、長は、その議決すべき事件を処分することができる。

問24　親族に関する次の記述のうち、妥当でないものを1つ選びなさい。

① 実親子関係には、嫡出子と非嫡出子とがあるが、このうち非嫡出子にあっては、父が認知した場合のみ父子関係が法的に承認されるが、母子関係については分娩の事実により客観的に生じる。

② 養親子関係は、血縁関係を前提とせずに養子縁組という法定の手続を経ることによって法的に親子関係が認められる制度である。

③ 日本において養子制度は、普通養子制度のみ採用されている。

④ 親権を行う者は、子の財産管理権及び財産に関する法律行為についての代理権が認められている。

問25　相続に関する次の記述のうち、妥当なものを1つ選びなさい。

① 相続された預貯金債権は遺産分割の対象に含まれないので、相続人は、遺産に属する預貯金債権のうち当該払戻しを行う共同相続人の法定相続分の範囲内においては、単独での払戻しを受けることができる。

② 自筆証書遺言は、原則として自書することが必要であるが、相続財産の目録を添付する場合は、その部分は自書でなくてもよい。

③ 遺留分を侵害された相続人は、贈与や遺贈を受けた者に対して、直接に侵害された額の金銭を請求することはできない。

④ 配偶者は、相続開始時に居住していた被相続人所有の建物について、他の相続人よりも優先的に所有権を相続することができる。

問26　行政手続法上の申請に対する処分及び不利益処分に関する次の記述のうち、妥当なものを1つ選びなさい。

① 行政手続法36条の3に基づく処分の求めの申出をした者に対し、行政庁が当該処分を行わない旨を通知する行為は、行政手続法上の申請に対する処分にあたる。

② 森林法に基づき、保安林の指定に直接の利害関係を有する者の申請に対し、農林水産大臣が森林を保安林に指定する行為は、行政手続法上の申請に対する処分にあたらない。

③ 市が設置する特定の保育所を廃止する条例の制定行為は、当該保育所で現に保育を受けている児童及びその保護者との関係で、行政手続法上の不利益処分にあたる。

④ 建築基準法に基づく除却命令の対象となっている違法建築物を行政代執行法に基づき除却する行為は、行政手続法上の不利益処分にあたる。

問27　報道の自由に関する次の記述のうち、最高裁判所の判例に照らして妥当なものを1つ選びなさい。

① 雑誌の頒布の仮処分による事前差止めは報道を禁止するものであるから、憲法21条の検閲に該当する。

② 報道機関の報道は国民の知る権利に奉仕するものであるから、事実の報道の自由は憲法21条の保障のもとにある。

③ 筆記行為の自由は憲法21条によって保障されているから、裁判所が法廷におけるメモの採取を報道機関の記者にのみ許可することは許されない。

④ 取材の自由は憲法21条によって保障されているから、裁判所が報道機関に対して取材フィルムの提出を命じることは許されない。

問28　条例に関する次の記述のうち、妥当なものを1つ選びなさい。

① 地方公共団体の議会が、いわゆる上乗せ・横出し条例を定めることについて、明文で許容している法律はない。

② 法令の規定を書き換えることになる上書き条例は、法令による明示の委任がなければ制定できないと解されている。

③ 都道府県条例と市町村条例の規定内容について、条例間の抵触問題が生じる余地はなく、地方自治法もこれを調整する規定を定めていない。

④ 法律と条例の規制目的が異なるのであれば、条例が法律と同一の対象事項を規制することで法律の目的や効果を阻害することがあったとしても、当該条例は違法とは解されない。

問29　次の事例に関する①～④の記述のうち、妥当なものを1つ選びなさい。

（事例）
　地方公共団体の長になろうとして選挙に立候補したXが、地域発展のために、企業誘致することを公約に掲げた。地方公共団体の所有する土地の無償提供など便宜供与があると予想した企業Aから、企業選定に便宜を図ってくれるようにと、金員が提供され、Xは、趣旨を理解し、これを受け取った。しかし、当選後、別の企業Bから同様の趣旨で、更に高額の金員が提供されたため、それに応じ、Bを選定し、Aは選定しなかった。Aには、金員を返還した。

① Aとの約束を実行する任務に背いたXには、背任罪が成立する。

② Aから受領した金員を返還しなかったとすれば、Xには業務上横領罪が成立する。

③ Xには事前収賄罪が成立する。

④ Xには事後収賄罪が成立する。

問30　自治立法に関する次の記述のうち、妥当なものを1つ選びなさい。

① 地方公共団体の条例制定権は地方自治法に根拠規定があり、憲法にはその根拠がない。

② 権利を制限する地方公共団体の条例は、法律の委任がある場合にのみ制定することができる。

③ 地方公共団体の行政委員会が制定する規則は、長の規則に違反してはならない。

④ 地方公共団体の長が制定する規則は、地方議会において過半数の同意を得ることによって効力を発生させることができる。

問31　行政法の一般原則に関する次の記述のうち、妥当なものを1つ選びなさい。

① 平等原則は、給付行政には適用されるが、規制行政には適用されない。

② 私人の権利自由を制限する行政活動には、比例原則が厳格に適用されるから、行政裁量は認められない。

③ 最高裁判所の判例の趣旨に従うと、行政の特定の施策の維持に対する私人の信頼が法的に保護されるためには、行政主体と私人との間で、当該施策の維持を内容とする契約が締結されている必要がある。

④ 最高裁判所の判例の趣旨に従うと、租税法律関係には、納税者の信頼を保護しなければ正義に反するといえるような特別の事情がない限り、信義則は適用されない。

問32　行政事件訴訟法が定める「行政事件訴訟」に関する次の記述のうち、妥当なものを1つ選びなさい。

① 抗告訴訟とは、公権力の行使により生じた損害を補填するための訴訟である。

② 機関訴訟とは、国又は公共団体の機関相互間における権限の存否又はその行使に関する紛争についての訴訟をいう。

③ 民衆訴訟とは、当事者間の具体的な権利義務の紛争であって、法令の適用によって解決可能な訴訟をいう。

④ 当事者訴訟とは、私法上の法律関係に関する訴訟において、処分の存否又はその効力の有無が争われる訴訟のことである。

問33　抗告訴訟に関する次の記述のうち、妥当でないものを1つ選びなさい。

① 申請に対する拒否処分を受けた者は、義務付け訴訟を提起できることがある。

② 申請に対する不作為に不服のある者は、義務付け訴訟を提起できることがある。

③ 申請に対する許可処分が行われようとしていることに不服のある者が、当該処分の差止訴訟を提起することはできない。

④ 申請に対する許可処分が行われたことに不服のある者が、当該処分の差止訴訟を提起することはできない。

問34 地方公共団体の予算に関する次の記述の空欄に入る語句の組合せとして正しいものを、①～④の中から1つ選びなさい。

> 地方公共団体の（ ア ）は、毎会計年度予算を調製し、年度開始前に（ イ ）を経なければならない。

① ア：会計管理者　　イ：監査委員の監査

② ア：会計管理者　　イ：議会の議決

③ ア：長　　　　　　イ：監査委員の監査

④ ア：長　　　　　　イ：議会の議決

問35 機関委任事務の導入と廃止に関する次の記述のうち、正しいものを1つ選びなさい。

① 機関委任事務は、戦前に官選の知事が行っていた事務について、戦後も国の中央省庁がその統制を及ぼすため、都道府県知事が行うものとして導入されたので、市町村長が行う事務には、機関委任事務はなかった。

② 機関委任事務は、地方自治法が施行された後に、国の権限の強化を求めたシャウプ勧告と神戸勧告の提言によって導入された。

③ 機関委任事務の執行について、首長が国の指示に従わない場合には、職務執行命令訴訟を経て、国がそれを代執行し、あわせて首長を罷免することが認められていたが、平成3年の制度改正で当該罷免の仕組みは廃止された。

④ 機関委任事務は、第一次地方分権改革でその廃止が議論の対象になったものの、実際に廃止されたのは、第二次地方分権改革においてであった。

問36 行政活動と法律の根拠に関する次の記述のうち、妥当なものを1つ選びなさい。

① 国は、補助金等に係る予算の執行の適正化に関する法律を根拠として、補助金の交付をすることができるが、地方公共団体は、補助金交付の根拠となる条例を制定しない限り、補助金の交付をすることができない。

② 母体保護法14条1項に基づく指定医師の指定について、指定後に、指定を存続させることが公益に適合しない状態が生じたとしても、同法には指定取消しの根拠となる規定がないから、医師会は指定を取り消すことができない。

③ 食品衛生法63条は、同法又は同法に基づく処分に違反した者の名称を公表する根拠となる規定であり、仮に同条が存在しなければ、同法又は同法に基づく処分に違反した者の名称を公表することはできない。

④ 現行租税法規が規定している国税を、一定の場合に減免する措置を執ることは、減免の根拠となる法律の規定が存在しなければ、行うことができない。

（参考）母体保護法
（医師の認定による人工妊娠中絶）

第十四条　都道府県の区域を単位として設立された公益社団法人たる医師会の指定する医師（以下「指定医師」という。）は、次の各号の一に該当する者に対して、本人及び配偶者の同意を得て、人工妊娠中絶を行うことができる。

一　妊娠の継続又は分娩が身体的又は経済的理由により母体の健康を著しく害するおそれのあるもの

二　暴行若しくは脅迫によつて又は抵抗若しくは拒絶することができない間に姦淫されて妊娠したもの

2　（略）

（参考）食品衛生法

（違反者の名称等の公表）

第六十三条　厚生労働大臣、内閣総理大臣及び都道府県知事は、食品衛生上の危害の発生を防止するため、この法律又はこの法律に基づく処分に違反した者の名称等を公表し、食品衛生上の危害の状況を明らかにするよう努めるものとする。

問37　憲法95条の定める「一の地方公共団体のみに適用される特別法」（以下、「地方特別法」という）に関する次の記述のうち、妥当なものを１つ選びなさい。

①　地方特別法は、特定の地方公共団体の権限を不当に制限するおそれが高いため、これを制定することはできない。

②　地方特別法は、その地方公共団体の議会においてその過半数の同意を得た場合に限り、これを制定することができる。

③　地方特別法を制定するには、その地方公共団体で住民投票を実施することが必要であるが、その結果に国会は拘束されない。

④　最高裁判所の判例によれば、事実上、特定の地方公共団体だけに適用される法律であっても、形式的に、全国の地方公共団体に適用される法律であれば、憲法95条は適用されない。

問38　違法性阻却事由として妥当でないものを、①〜④の中から１つ選びなさい。

①　正当行為

②　誤想防衛

③　緊急避難

④　超法規的違法性阻却事由

問39　不当利得に関する次の記述のうち、妥当でないものを１つ選びなさい。

①　不法の原因のために給付をした者は、その給付したものの返還請求をすることができない。

②　不法原因給付が問題となる例としては、賭博関係、婚姻外性関係、裏口入学関係、麻薬取引関係が挙げられる。

③　不法原因給付が成立する結果、返還対象物に関して不当利得返還請求できない場合、返還対象物の所有権自体が受贈者に帰属する。

④　不法の原因に基づき登記された建物を引き渡した場合、移転登記の有無にかかわらず、当該建物の返還請求をすることができない。

問40　特別法犯に関する次の記述のうち、妥当なものを1つ選びなさい。

①　特別法犯とは、懲役よりも重い刑を科している罪のことである。

②　特別法犯とは、罰金よりも軽い刑を科している罪のことである。

③　条例に定められている罪は特別法犯である。

④　狭義の刑法に定められている罪は特別法犯である。

問41　地方自治法上の関与等に関する次の記述のうち、妥当なものを1つ選びなさい。

①　関与の基本類型のうち、地方自治法に根拠のあるものについては、個別法で別の定めをすることはできない。

②　関与法定主義にいう関与の根拠となる法には、国会の制定する法律のみならず、国の行政機関が制定する政令・府令・省令も含まれる。

③　国は、他の法律に特別の定めがない限り、地方自治法の定める関与の手続ルールに従わなければならない。

④　関与の手続ルールは、関与にあたらないとされている処理基準についても、その趣旨に即して適用される。

問42　売買に関する次の記述のうち、妥当でないものを1つ選びなさい。

①　買主が売主に解約手付を交付した場合、売主が履行に着手しても、買主はその手付を放棄して契約を解除することができる。

②　引き渡された売買の目的物が種類、品質又は数量に関して契約の内容に適合しないものであるときは、買主は、履行の追完（目的物の修補、代替物の引渡し、不足分の引渡し）を売主に請求できる。

③　建物売買で建物のために存在するとされた土地賃借権が存在していなかった場合、買主は、売主に対し、その不適合を理由として、追完請求権・代金減額請求権・損害賠償請求権・解除権を行使することができる。

④　民法上の買戻しは、解除権留保付の不動産売買に関するものであり、売買契約と同時にした買戻しの特約により、売主は、買主が支払った代金及び契約の費用を返還して売買契約の解除をすることができる。

問43　市が宅地開発指導要綱に基づいてマンション建設業者に対し教育施設負担金の納付を求めた行

為の違法性が問題となった最高裁判所の判決（平5・2・18民集47巻2号574頁。以下、「本判決」という）に関する次の記述のうち、妥当なものを1つ選びなさい。

① 本判決は、市が教育施設の充実に充てるために、法律又は条例に基づく租税等によらずに、指導要綱に基づいて事業主に寄付金の納付を求めるという手法自体を違法と判断したものである。

② 本判決は、負担金の納付を求められた事業主が、給水契約の締結拒否等を背景とした負担金の納付の求めには応じないという意思を真摯かつ明確に表明したにもかかわらず、市が負担金の納付を求める行政指導を継続した行為を違法と判断したものである。

③ 本判決は、給水契約の締結拒否等を背景とした、市による負担金の納付の求めが強迫にあたることを認定し、事業主が強迫を理由として負担金納付の意思表示を取り消し、納付した負担金の返還を請求することを認めたものである。

④ 本判決は、市が給水契約の締結拒否等を背景として、指導要綱に基づいて負担金の納付を求めた行為が、事業主に負担金の納付を事実上強制しようとしたものであり、任意に寄付金の納付を求めるべき行政指導の限度を超えるとして、違法と判断したものである。

問44　法人に科されている刑罰はどれか、①～④の中から1つ選びなさい。
① 課徴金
② 重加算税
③ 過料
④ 罰金

問45　選挙に関する次の記述のうち、妥当なものを1つ選びなさい。
① 期日前投票をした選挙人が選挙期日前に死亡した場合、選挙期日には選挙権を失っているため、その投票は無効となる。
② 投票管理者は、投票立会人を必ず2人以上選任しなければならず、投票立会人が一時的に離席して1人しかいなくなった場合に行われた投票は無効となる。
③ 候補者は、自らの選挙運動用のホームページに掲載された選挙運動用ポスター・ビラと同一の図柄の文書図画をプリントアウトして有権者に頒布することができる。
④ 選挙運動のためのツイッターへの投稿に何の加筆修正もせず、リツイートするだけであれば、年齢18歳未満の者であっても行うことができる。

問46　行政機関の権限の委任に関する次の記述のうち、妥当なものを1つ選びなさい。
① 権限の委任は、法律の根拠なく行うことができる。
② 権限の委任があると、受任機関が行政庁になる。
③ 権限の委任とは、当該権限の行使について他の行政機関に代理権を認めることである。
④ 権限の委任があると、受任機関は委任機関の指揮監督を受けることになる。

問47　甲県議会議員乙市選挙区に立候補したAを支援するため、同市に住む会社経営者Bは、選挙期間中、自社の従業員Cを車上運動員として選挙運動用自動車に乗車させて連呼行為を行わせ、その報酬として高額のアルバイト料を支払った。このことが買収罪にあたるとしてBは執行猶予付きの禁錮刑に処せられた。この事例に関する次の記述のうち、妥当でないものを1つ選びなさい。

①　Bが刑に処せられた場合、乙市選挙管理委員会は、選挙人名簿にその旨の表示を行うが、Bが選挙人名簿から抹消されることはない。

②　Bが、Cに対してアルバイト料の支払いの口約束をしただけで、実際に現金を支払っていなければ、金銭・財産上の利益を供与していないため、買収罪にはあたらない。

③　Bが刑に処せられて、連座制が適用された場合、Aの当選は無効となり、連座裁判確定の日から5年間の立候補制限が適用されるが、乙市選挙区以外から県議会議員選挙に立候補することはできる。

④　BがAとの間で意思を通じて車上運動員による選挙運動を実施していなければ、連座制は適用されない。

問48　次の文章は、最高裁判所の判決（最判昭47・5・30民集26巻4号851頁）の判旨の一部である。次の①～④の記述のうち、判旨に最も適合しないものを1つ選びなさい。

「消防法二九条によれば、（一）火災が発生しようとし、または発生した消防対象物およびこれらのもののある土地について、消防吏員または消防団員が、消火もしくは延焼の防止または人命の救助のために必要があるときに、これを使用し、処分しまたはその使用を制限した場合（同条一項の場合）および（二）延焼のおそれがある消防対象物およびこれらのもののある土地について、消防長もしくは消防署長または消防本部を置かない市町村においては消防団の長が、火勢、気象の状況その他周囲の事情から合理的に判断して延焼防止のためやむを得ないと認められるときに、これを使用し、処分しまたはその使用を制限した場合（同条二項の場合）には、そのために損害を受けた者があつても、その損失を補償することを要しないが、（三）右（一）および（二）にかかげた消防対象物および土地以外の消防対象物および土地について、消防長もしくは消防署長または消防本部を置かない市町村においては消防団の長が、消火もしくは延焼の防止または人命の救助のために緊急の必要があるときに、これを使用し、処分しまたはその使用を制限した場合（同条三項の場合）には、そのために損害を受けた者からその損失の補償の要求があれば、その損失を補償しなければならないことが明らかである。」

①　消防吏員が、火災が発生した消防対象物を人命の救助のために必要があるときに破壊した場合、市町村は、そのために損害を受けた者があっても、その損失を補償する必要はない。

②　消防長が、延焼のおそれがある消防対象物を、火勢、気象の状況その他周囲の事情から合理的に判断して延焼防止のためやむをえないと認められるときに破壊した場合、市町村は、そのために損害を受けた者があっても、その損失を補償する必要はない。

③　消防長が、延焼の防止のため緊急の必要があるときに、延焼のおそれがある消防対象物がある土地を使用した場合、市町村は、そのために損害を受けた者からその損失の補償の要求があっても、その損失を補償する必要はない。

④　消防長が、人命の救助のため緊急の必要があるときに、延焼のおそれがない消防対象物を破壊した場合、市町村は、そのために損害を受けた者からその損失の補償の要求があっても、その損失を補償する必要はない。

問49　民法上の物権に関する次の記述のうち、妥当なものを１つ選びなさい。

①　物権は、民法その他の法律に定めるもののほかに、新たに創設することができないから、民法上規定のない譲渡担保は、判例上、その効力が否定されている。

②　民法上の用益物権としては、地上権・永小作権・地役権・共有の性質を有しない入会権を挙げることができる。

③　民法上の担保物権は、法定担保物権と約定担保物権に分けることができ、留置権・質権が前者の例であり、先取特権・抵当権は後者の例である。

④　他人の土地の上に建物を所有する目的で設定される権利として、地上権と賃借権を挙げることができるが、両者は不動産を目的とする権利であることから物権に分類される。

問50　取消訴訟に関する次の記述のうち、妥当でないものを１つ選びなさい。

①　取消訴訟の対象である行政庁の処分その他公権力の行使にあたる行為には、行政手続法上の不利益処分や申請に対する処分のほか、権力的事実行為も含まれる。

②　行政不服審査法に基づく裁決に関しては、法律で特別の定めがある場合に限り裁決の取消訴訟を提起することができる。

③　行政事件訴訟法上の取消訴訟に関する規定は、他の抗告訴訟にも必要な範囲で準用されている。

④　原処分取消訴訟と行政不服審査法に基づく裁決の取消訴訟をいずれも提起できる場合、裁決の取消訴訟では裁決に固有の違法のみを主張することができる。

問51　次の文章は、地方公共団体が、町内会に対し、土地を無償で神社の建物、鳥居等の敷地としての利用に供していた、いわゆる空知太神社事件最高裁判決（最大判平22・１・20民集64巻１号１頁）の一節である。これを読み、空欄を補充するのに妥当な語の組合せを、①～④の中から１つ選びなさい。

> 「社会通念に照らして（　ア　）的に判断すると、本件利用提供行為は、市と本件神社ないし神道とのかかわり合いが、我が国の社会的、文化的諸条件に照らし、信教の自由の保障の確保という制度の根本目的との関係で相当とされる限度を超えるものとして、憲法89条の禁止する（　イ　）の利用提供に当たり、ひいては憲法20条１項後段の禁止する宗教団体に対する（　ウ　）にも該当すると解するのが相当である。」

①　ア：具体　　イ：公金　　　　ウ：過度のかかわり合い

②　ア：総合　　イ：公の財産　　ウ：特権の付与

③　ア：具体　　イ：公の営造物　ウ：支援

④　ア：総合　　イ：公の施設　　　ウ：公金の支出

問52　即時取得に関する次の記述のうち、妥当なものを１つ選びなさい。
① 　真実の物権変動と異なる公示があった場合、公示どおりの物権変動があったものとして、第三者を保護する原則を公信の原則と呼び、民法では、動産と不動産を目的物とする取引についてそれぞれ規定を置いて第三者を保護している。
② 　即時取得制度は、処分権限のない占有者から、動産の占有の移転を受けた者を保護する制度であるから、包括承継である相続により動産を取得した場合にも成立する。
③ 　Aは、Bから盗んだ甲腕時計を自分のものであると偽って、善意無過失のCに売却した。この場合にBはAの窃盗の時から２年以内であれば、Cに対して甲腕時計の返還を請求することができる。
④ 　Aは、Bから盗んだ甲腕時計を質屋Cに売却し、甲腕時計が盗品だと知らないDが、甲腕時計を質屋Cから購入した。この場合にBはAの窃盗の時から２年以内であれば、Dに対して代価を弁償することなく、無償で甲腕時計の返還を請求できる。

問53　地方自治法上の関与等に関する次の記述のうち、最も妥当なものを１つ選びなさい。
① 　国会が個別法律で関与を定める場合であっても、関与設定の基準に拘束され、これに反する個別法令は無効となる。
② 　地方公共団体が、法定受託事務の処理について、各大臣の定める処理基準に違反した場合には、私人は、当該処理基準違反を理由に、地方公共団体の処分の取消しを求めることができる。
③ 　地方公共団体が、法定受託事務の処理について、是正の指示を受けたにもかかわらず、これに応じず、かつ、審査の申出も行わない場合には、国は国地方係争処理委員会に対して不作為違法確認の申出を行うことができる。
④ 　国地方間の関与不服争訟については、国地方係争処理委員会の勧告のみならず裁判所の判決についても、地方自治法において実効性担保手段は定められていない。

問54　指定都市に関する次の記述のうち、妥当なものを１つ選びなさい。
① 　指定都市は、地方自治法の規定に基づき、総務省令で指定される都市である。
② 　大都市地域における特別区の設置に関する法律は、指定都市において総合区を設ける手続を規定している。
③ 　指定都市内に設置される総合区の総合区長は、法律で定める当該総合区の区域内に関する事務を執行し、当該事務の執行につき指定都市を代表する。
④ 　指定都市内に設置される区は、法人格を有しており、権利・義務の帰属主体となる。

問55　地方公共団体の執行機関に関する次の記述のうち、妥当でないものを1つ選びなさい。

① 地方公共団体は、条例で、執行機関の附属機関としての審議会を置くことができる。

② 執行機関は、当該地方公共団体の事務を、自らの判断と責任において、誠実に管理し及び執行する義務を負う。

③ 長は、当該地方公共団体の執行機関相互の間にその権限につき疑義が生じたときは、これを調整するように努めなければならない。

④ 地方公共団体は、条例で、新たに執行機関を置くことができる。

問56　地方公務員の身分保障に関する次の記述のうち、妥当でないものを1つ選びなさい。

① 任命権者が、職員に対し、職務又は身分に関して不利益な処分をする場合、行政手続法に基づく不利益処分手続が適用される。

② 職員は、その意に反して不利益な処分を受けたと思うときは、人事委員会又は公平委員会に対してのみ審査請求をすることができる。

③ 任命権者は、職員に対し、懲戒その他その意に反すると認める不利益な処分を行う場合においては、その職員に対し処分の事由を記載した説明書を交付しなければならない。

④ 職員は、その意に反して不利益な処分を受けたと思うときは、任命権者に対し処分の事由を記載した説明書の交付を請求することができる。

問57　地方自治法上の内部統制等に関する次の記述のうち、妥当でないものを1つ選びなさい。

① 都道府県知事及び指定都市の市長（以下、「知事等」という）は、一定の事務の管理及び執行が法令に適合し、かつ、適正に行われることを確保するための方針（以下、「方針」という）を定めなければならない。

② 知事等が定める方針は、財務に関する事務に関するものに限られず、その管理及び執行が法令に適合し、かつ適正に行われることを特に確保する必要がある事務として知事等によって認められたものについても定めることができる。

③ 指定都市以外の市町村長については、方針を定める努力義務が地方自治法上定められている。

④ 知事等は、毎会計年度少なくとも1回以上は、方針に基づく評価等につき報告書を作成し、議会に提出しなければならず、議会に提出した後、監査委員の審査に付しその意見を付けて当該報告書を公表しなければならない。

問58　行政手続法第2章及び第3章（申請に対する処分及び不利益処分）の規定を適用除外とすることが同法に定められていないものとして最も妥当なものを、①～④の中から1つ選びなさい。

① 公務員又は公務員であった者に対してその職務又は身分に関してされる処分

② 学校において、教育の目的を達成するために、学生、生徒、児童等に対してされる処分

③ 刑務所において、収容の目的を達成するためにされる処分

④ 公衆衛生を確保するために、法律に基づいて都道府県知事又は市町村長によって行われる処分

問59　いわゆる「二重の基準論」の説明として妥当なものを、①〜④の中から1つ選びなさい。

①　表現内容に基づく規制は、表現内容中立規制よりも厳格な基準によって、その合憲性が審査されなければならない。

②　経済的自由に対する消極目的規制は、経済的自由に対する積極目的規制よりも厳格な基準によって、その合憲性が審査されなければならない。

③　精神的自由に対する規制立法は、経済的自由に対する規制立法よりも厳格な基準によって、その合憲性が審査されなければならない。

④　地方公共団体の条例は、国会が制定した法律よりも厳格な基準によって、その合憲性が審査されなければならない。

問60　不法行為に関する次の記述のうち、最も妥当でないものを1つ選びなさい。

①　他人の不法行為に対して、自己の権利を防衛するためにやむをえず加害行為をした場合であっても、当該加害者に不法行為責任が生じる。

②　加害者に責任能力がなければ損害賠償責任を負わない。

③　被用者が事業の執行について第三者に損害を与えたときは、使用者が責任を負う。

④　責任無能力者の監督者は、監督を怠れば責任無能力者の行為について責任を負う。

問61　選挙に関する次の記述のうち、妥当なものを1つ選びなさい。

①　社交的儀礼の範囲内で行うものであれば、公職の候補者等が選挙区内にある者に対し寄附をすることも許される。

②　市町村の住民基本台帳に記録されていた者が他の市町村に転出した場合、従前住所を有していた市町村の選挙人名簿に登録されることはない。

③　選挙の当日、悪天候が見込まれるため投票することのできない者は、選挙期日の公示日又は告示日の翌日から選挙期日の前日までの間、期日前投票を行うことができる。

④　選挙権を有する者は誰でも、選挙期日の公示日又は告示日から選挙期日の前日までの間、ツイッター、ライン等のSNSや電子メールを用いて選挙運動を行うことができる。

問62　期間の計算に関する次のア〜エの記述のうち妥当なものの組合せを、①〜④の中から1つ選びなさい。

> ア　令和2年9月1日の午前10時に「これから72時間」と期間を定めた場合、この期間は、令和2年9月4日の午前10時に満了する。
>
> イ　令和2年9月1日の午前10時に「これから10日間」と期間を定めた場合、この期間は、令和2年9月10日の午前10時に満了する。
>
> ウ　令和2年9月2日の午前10時に「これから1ヶ月」と期間を定めた場合、この期間は、令和2年10月2日の24時に満了する。

エ　閏年の２月28日の午前10時に「これから１年間」と期間を定めた場合、この期間は、翌年の
　　３月１日に満了する。

① ア・イ
② ア・ウ
③ イ・ウ
④ ア・エ

問63　自治立法に関する次の記述のうち、妥当なものを１つ選びなさい。
①　地方公共団体の行政規則である要綱は法規であるから、行政組織外部の者も要綱の内容に法的
　に拘束される。
②　いわゆる「指導要綱」は行政指導の基準を定めるものであり、当該要綱の規定に基づいて行わ
　れる限り、当該行政指導は法的に正当化される。
③　条例の規定は、地方自治法15条に定めのある長の規則の規定に優先するものと解される。
④　いわゆる「上乗せ条例」とは、法令の規制対象から外れた事項を規制する条例を指す。

問64　地方公共団体の事務に関する次の記述のうち、妥当なものを１つ選びなさい。
①　地方自治法において、自治事務については、法定受託事務とは異なり、2000年施行の地方自治
　法改正以前の自治事務概念が維持されている。
②　地方自治法において、自治事務については、法定受託事務とは異なり、地方公共団体の役割に
　照らして積極的に定義され、当該事務が例示されている。
③　地方自治法上、自治事務については、法定受託事務と同様、法律又はこれに基づく命令によっ
　て、地方公共団体にその処理が義務付けられているものがある。
④　自治事務については、法定受託事務と同様、地方公共団体が地域の特性に応じて当該事務を処
　理することができるよう国が特に配慮することを求める地方自治法２条13項が適用される。

問65　法定後見制度に関する次の記述のうち、妥当でないものを１つ選びなさい。
①　成年後見制度は、本人の判断力の欠如の程度に応じて、補助、保佐、後見の３類型を設けてい
　る。
②　精神上の障害によって事理弁識能力が不十分である者については、本人を保護する観点から、
　家庭裁判所は後見開始の審判を行う。
③　後見開始の審判を受けた場合、その者は行為能力が制限されるが、日用品の購入その他日常生
　活に関する行為については、取り消すことができない。
④　成年後見人には、同意権が認められていない。

問66　地方自治法に定める公の施設に関する次の記述のうち、妥当なものを1つ選びなさい。

①　地方公共団体は、条例で定める重要な公の施設のうち規則で定める特に重要なものについて、これを廃止するときは、議会において出席議員の4分の3以上の者の同意を得なければならない。

②　法人格を有する団体のみが公の施設の管理を行う指定管理者に指定されるものとされており、かつ、その指定のための手続は、条例において定めておかなければならない。

③　地方公共団体は、他の地方公共団体との協議により、当該他の地方公共団体の公の施設を自己の住民の利用に供させることができる。ただし、当該協議を行うにあたって、各地方公共団体の議会の議決を経ておく必要はない。

④　指定管理者がした公の施設を利用する権利に関する処分に係る審査請求は、地方公共団体の長に対してするものとされ、長は、当該審査請求が不適法であり、却下するときを除き、議会に諮問した上、当該審査請求に対する裁決をしなければならない。

問67　債権の効力に関する次の記述の空欄に入る語句の組合せとして妥当なものを、①〜④の中から1つ選びなさい。

> 　債権は、債務者に対する権利であるが、例外的に（　ア　）に対しても効力を有することがある。
> 　（　イ　）は、債務者が権利を行使しない場合についての権利であり、（　ウ　）は、債務者が債権者を害することを行った場合についての権利である。いずれの権利も債務者の（　エ　）が要件となっている。

①　ア：国家　　　　イ：債権者代位権　　　ウ：詐害行為取消権　　　エ：故意
②　ア：国家　　　　イ：詐害行為取消権　　ウ：債権者代位権　　　エ：無資力
③　ア：第三者　　　イ：債権者代位権　　　ウ：詐害行為取消権　　　エ：無資力
④　ア：第三者　　　イ：詐害行為取消権　　ウ：債権者代位権　　　エ：故意

問68　次の文章を読み、空欄を補充するのに適当な語の組合せとして正しいものを、①〜④の中から1つ選びなさい。

> 　「今日、（　ア　）という観念が再登場したからといつて、それを前近代的な国権絶対主義や警察国家への復帰の前ぶれのようにいうのは、水鳥の羽音におびえるゆわれのない態度か、しからずんば、それを逆用して労働攻勢を激化させ、現存の国家権力を打倒しようとする戦術であるといわざるを得ない。（　ア　）といつたからといつて、（　イ　）を享有する主体として、個人を超越する「（　ウ　）」というものがあるわけではないのである。そういうものを認めると、ふたたび滅私奉公の倫理が復活するおそれがある。（　イ　）を享有する主体としては、個人があるだけであり、個人以外の何ものもあり得ない。（　ア　）とは、あくまでも個人の（　イ　）の総和であり、最大多数の最大（　エ　）である。ただ、最大多数の最大（　エ　）は第十八世紀的な自由放任主義ではそこなわれてしまうから、立法その他の国家の積極的な措置により、少数

者の自由や権利の濫用のために多数者の（　イ　）が害せられることがないようにして行く必要
が生じて来たのである。」（尾高朝雄「公共の福祉とは何か」国会 2 巻12号12頁〔国会社、1949年〕）

① 　ア：国権の最高機関　　イ：国権　　　ウ：団体　　エ：利潤

② 　ア：団結権　　　　　　イ：団結　　　ウ：団体　　エ：給付

③ 　ア：幸福追求権　　　　イ：幸福　　　ウ：公共　　エ：福祉

④ 　ア：公共の福祉　　　　イ：福祉　　　ウ：公共　　エ：幸福

問69　地方公務員に関する次の記述のうち、妥当でないものを 1 つ選びなさい。

①　職員が、勤務実績が良くない場合には、その意に反して、降任、免職にすることができる。

②　職員が、心身の故障のため職務の遂行に支障があり又はこれに堪えない場合には、その意に反
して、降任、免職にすることができる。

③　職員が、刑事事件に関し起訴された場合には、その意に反して、降任にすることができる。

④　職員が、定数の改廃又は予算の減少により廃職又は過員を生じた場合には、その意に反して、
降任、免職にすることができる。

問70　行政主体に関する次の記述のうち、妥当なものを 1 つ選びなさい。

①　建築基準法で定められている指定確認検査機関は行政主体である。

②　土地収用法で定められている収用委員会は行政主体である。

③　国立大学法人法に基づいて運営される国立大学法人は行政主体である。

④　国家公務員法で定められている人事院は行政主体である。

第2節　解答と解説

<問1>

〔正解〕②（配点15点）

〔解説〕この問題は、民法の物権分野の「第三者」（民法177条）の理解を問う問題である。①民法177条の「第三者」とは、当事者もしくはその包括承継人ではないすべての者を指すのではなく、不動産物権の得喪及び変更の登記欠缺を主張するにつき正当の利益を有する者をいい（大連判明41・12・15民録14輯1276頁）、単なる悪意者も含む（最判昭32・9・19民集11巻9号1574頁）。したがって、Bへの売却の事実を知っているCも民法177条の「第三者」にあたるため、BがCに土地所有権を主張するには登記が必要となる。よって、①は妥当でない。②相続によって、BはAからいっさいの権利義務を承継するので（民法896条）、Bは契約当事者Aと同じ地位につくことになる。以上より、CがBに土地所有権を主張するには登記は不要である。したがって、②は妥当であり、正解となる。③詐欺取消しを主張することにより、あたかもBからAへの復帰的物権変動があったとされ、Bを基軸にして、BからA、BからCという二重譲渡と類似の物権変動を観念でき、AとCは対抗関係に立つ（大判昭17・9・30民集21巻911頁）。以上より、AがCに甲土地の所有権を主張するためには登記が必要である。したがって、③は妥当でない。④取得時効による不動産所有権の取得も、その完成によって1つの物権変動があるものと扱われ、登記なしには、時効完成後当該不動産につき旧所有者から所有権を取得し登記を経た第三者に対して、その善意悪意を問わず、対抗できない（最判昭33・8・28民集12巻12号1936頁）。以上より、BがCに甲土地の所有権を主張するためには、登記は必要である。したがって、④は妥当でない。（基本法務テキスト293〜294，307頁）

<問2>

〔正解〕③（配点10点）

〔解説〕この問題は、序章からの出題である。「後法は前法を破る」は、法形式を同じくする法令間の関係についてのものであって、法律と省令のように法形式が異なる場合には妥当しないので、①は誤り。「特別法一般法に優先する」も同様であり、当該政令が特別法としての法律に基づいて制定されたのでなければ、法律に反するものとして効力を有さない。したがって、②は妥当でない。法律は政令よりも上位なので、③は正しい。条例は法律に劣後するが、上位下位の関係にあるからではなく、憲法が法律の範囲内でのみ条例を定めることを認めているからだと考えることができるので、④は最も妥当とは言えない。（基本法務テキスト13頁）

<問3>

〔正解〕④（配点10点）

〔解説〕この問題は、刑法分野からの出題である。両罰規定とは、違反行為を行った従業者と法人の両方を処罰する規定であるから、④が妥当であり、①②③は妥当でない。（基本法務テキスト400〜401頁）

＜問4＞

〔正解〕④（配点10点）

〔解説〕この問題は、憲法分野からの出題である。法の支配における法は、不文法であるコモンローを中核としており、必ずしも成文憲法を必要としないから、①は妥当でない。法の支配は、法の優位を説く思想であり、それは国会主権とも両立するから、②は妥当でない。法の支配は、イギリスのような立憲君主制とも結びつくから、③は妥当でない。他方、法の支配と法治主義を区別する立場は、コモンローの流れを汲んで法の支配に立憲主義的な内容を読み込む傾向にあるから、④が最も妥当である。よって④が正解。（基本法務テキスト28頁）

＜問5＞

〔正解〕②（配点10点）

〔解説〕この問題は、民法の事務管理分野からの出題である。事務管理とは、義務がないのに他人のためにその事務を処理する行為である（民法697条1項）。契約に基づく事務的管理を実施する行為は、契約上の義務の履行であり、事務管理は成立しない。よって、①は妥当でない。土手をランニング中に、川で溺れている子供を発見したため、救出する行為は、他人に利益を与える意思により、救出行為という他人のための事務の管理を始め、法律上の義務なく、当該他人の意思や利益に反することがないため、事務管理が成立し、この事例では、緊急事務管理（民法698条）が成立する。よって、②は最も妥当である。隣家の花壇の一部の花が枯れていたので、咲いている花を含めて全て刈り取る行為は、本人の利益に反するため、事務管理は成立しない。よって、③は妥当でない。雨が降り出しそうになったので、自宅に干していた洗濯物を自ら取り込んだ場合は、他人のために事務の管理を始めたものではなく、事務管理は成立しない。よって、④は妥当でない。したがって、正解は②である。（基本法務テキスト359〜360，362頁）

＜問6＞

〔正解〕②（配点25点）

〔解説〕この問題は、地方自治法の監査と住民訴訟分野からの出題であり、住民訴訟の免責制度に関する知識を事例型の問題で問う問題である。地方自治法243条の2第1項によると、免責条例によって免責されるのは、善意でかつ重大な過失がないときであるから、①は妥当である。免責制度の趣旨やこれまでの判例による制約は認められるものの、少なくとも地方自治法上は、議会によって免責議決を行うこと自体は禁止されていない。したがって、②は妥当ではない。③は、地方自治法243条の2第2項に則した記述であり、妥当である。④は、地方自治法243条の2第1項に則した記述であり、妥当である。（基本法務テキスト259頁）

＜問7＞

〔正解〕③（配点10点）

〔解説〕この問題は、地方自治法の地方公共団体の協力方式分野からの出題である。地方自治法には、「普通地方公共団体は、当該普通地方公共団体及び他の普通地方公共団体の区域における当該普通地方公共団体及び当該他の普通地方公共団体の事務の処理に当たつての当該他の普通地方公共団体との連携を図るため、協議により、当該普通地方公共団体及び当該他の普通地方公共団

体が連携して事務を処理するに当たつての基本的な方針及び役割分担を定める協約（以下「連携協約」という。）を当該他の普通地方公共団体と締結することができる。」（同法252条の2第1項）と定められている。（基本法務テキスト284頁）

<問8>

〔正解〕①（配点15点）

〔解説〕この問題は、民法の債権と債務分野からの出題である。債務不履行によって発生した損害の賠償範囲について、特別事情によって発生した損害であっても当事者がその事情を予見すべきであったときは、賠償範囲に含まれる（民法416条2項）。したがって、①は妥当である。損害賠償の対象として、目的物を転売して得られるはずであった転売利益は、賠償範囲に含まれる。もっとも、例えば特に高額な転売であれば特別損害として、416条2項の適用があるし、すべての事例で買主が主張する転売利益が認められるわけではないが、建物の転売利益自体が賠償範囲に入ること自体は異論がない。したがって、②は妥当でない。民法418条（過失相殺）は、債務の不履行又はこれによる損害の発生若しくは拡大に関して債権者に過失があったときは、裁判所はこれを考慮して損害賠償の責任及び額を定めると規定しているから、債務の不履行に関して債権者に過失があったときも損害の拡大に関して債権者に過失があったときも、裁判所は責任を否定して賠償を認めないこともあるし、減額することもある。したがって、③は妥当でない。将来取得すべき利益や将来負担すべき費用などの将来生じる損害について、現在賠償金を受け取る場合には、早く賠償金を受け取ることにより、利息相当分を多く受け取ることになるので、利息分は法定利率によって差し引かれる（民法417条の2）のであって加算されるのではない。したがって、④は妥当でない。以上から、正解は①となる。（基本法務テキスト325〜326頁）

<問9>

〔正解〕②（配点15点）

〔解説〕この問題は、地方自治法の財務分野からの出題である。競争入札であっても指名競争入札は、政令で定める場合に該当するときに限り、これによることができるものとされている（地方自治法234条2項）ため、一般競争入札によるか、指名競争入札によるかを地方公共団体の任意の判断によって決定することができるわけではない。よって、①は妥当でない。地方公共団体は、一般競争入札又は指名競争入札に付する場合においては、政令の定めるところにより、契約の目的に応じ、予定価格の制限の範囲内で最高又は最低の価格をもって申込みをした者を契約の相手方とするものとするとされている（地方自治法234条3項本文）。よって、②は妥当である。一般競争入札であっても、契約締結の公正性を確保ことは必要不可欠であることから、実施しようとする入札に係る契約を締結する能力を有しない者や破産者で復権を得ない者など、地方自治法施行令に定める一定の事由に該当する者については、入札への参加資格が認められないことがある（地方自治法施行令167条の4）。よって、③は妥当でない。地方公共団体が競争入札につき入札保証金を納付させた場合において、落札者が契約を締結しないときは、その者の納付に係る入札保証金は、当該地方公共団体に帰属するものとされている（地方自治法234条4項）。よって、④は妥当でない。（基本法務テキスト239〜242頁）

＜問10＞

〔正解〕③（配点15点）

〔解説〕この問題は、行政法の行政救済法分野からの出題である。無効等確認の訴えは、行政処分について出訴期間が経過したときに提起されるのが一般的であり、いまだなされていない行政処分を対象とすることはできない。よって①は妥当でない。個別法で審査請求前置主義（行政事件訴訟法8条1項ただし書き）が採用されている場合、審査請求を経ることが取消訴訟を提起するための訴訟要件となるが、無効等確認の訴えを提起する場合には、審査請求前置主義が採用されていたとしても、それは訴訟要件とならない。よって②は妥当でない。行政事件訴訟法36条は、二種類の無効等確認の訴えを予定しており、後続する処分により損害を受けるおそれのある者が提起する予防訴訟と、現在の法律関係に関する訴えでは目的を達することができない場合に提起できる補充訴訟がある。③は補充訴訟の説明として妥当である。第三者の原告適格の判断方法に関しては、取消訴訟と無効等確認訴訟とで同様に解されているが、取消訴訟の原告適格に関する行政事件訴訟法9条2項は、無効等確認の訴えに準用されていない。よって④は妥当でない。（基本法務テキスト130～131頁）

＜問11＞

〔正解〕①（配点15点）

〔解説〕この問題は、憲法分野からの出題である。本件規定については、最大決平7・7・5民集49巻7号1789頁（以下「平成7年決定」という）が合憲と判断したのに対し、最大決平25・9・4民集67巻6号1320頁（以下「平成25年決定」という）が違憲と判断している。その上で、②と④は平成25年決定が本件規定の違憲性を論証する過程で判示された文章であり、③は平成7年決定に付された5裁判官の反対意見が本件規定の合理性を否定する際に勘案した事情である。他方、平成7年決定は本件規定の合憲性を導く際に①を考慮事項として挙げていたのに対し、平成25年決定は「本件規定が……補充的に機能する規定であることは，その合理性判断において重要性を有しないというべきである」としつつ、本件規定の違憲性を導いていた。実際、本件規定が補充規定であることを強調すれば、嫡出でない子への法定相続分差別に強制の契機は存しないことになるから、本件規定は合憲であるという結論に傾くであろう。したがって、最も妥当でないものは①。（基本法務テキスト61頁）

＜問12＞

〔正解〕②（配点10点）

〔解説〕この問題は、地方自治法の住民の権利義務分野からの出題であり、住民の権利につき基本的な知識を確認する問題である。①は、最判平7・2・28日民集49巻2号639頁の判示であり妥当である。②は、地方自治法10条1項が定める「住民」には法人も含まれると解されており、妥当でない。③は、地方自治法244条2項の記述であり、妥当である。④は、住民基本台帳法33条1項の記述であり、妥当である。（基本法務テキスト184～190頁）

<問13>

〔正解〕① （配点10点）

〔解説〕この問題は、地方自治法の第1節からの出題である。「財産区」は特別地方公共団体たる地方公共団体である。「地方公共団体の組合」も特別地方公共団体であるから、一部事務組合、広域連合は地方公共団体である（地方自治法1条の3第3項・284条1項）。指定都市の区（行政区）は指定都市内に設置される事務分掌のための組織であり（地方自治法252条の20第1項）、地方公共団体としての権能はない。妥当でないのは①である。（基本法務テキスト155〜158, 162〜164頁）

<問14>

〔正解〕④ （配点15点）

〔解説〕この問題は、憲法分野からの出題である。地方自治の意義は、垂直的権力分立にあるから、①は妥当である。地方自治は民主主義の学校といわれるとおり、政治参加の機会が保障されているから、②は妥当である。地方のことは地方に任せる方がより効率的であるから、③は妥当である。地方自治は民主的正当性を有する国家が地方に自律性を付与したものであり、中央政府の民主的正当化を期待したものでないから、④は妥当でない。よって正解は④。（基本法務テキスト45頁）

<問15>

〔正解〕③ （配点25点）

〔解説〕この問題は、民法の保証分野からの出題である。保証契約は、書面でしなければ効力を生ぜず（民法446条2項）、保証契約がその内容を記録した電磁的記録（民法151条4項参照）によってされたときは、書面によってされたものとみなされる（民法446条3項）。したがって、①は妥当である。賃貸借契約について連帯保証する場合、通常、賃借人に生じる一切の債務（例、賃料支払債務、原状回復義務の履行）を連帯保証人が保証するため根保証契約に該当することとなり、設例の連帯保証契約も根保証契約に該当する。そして、個人であるZを根保証契約の連帯保証人とする場合、主たる債務の元本、主たる債務に関する利息、違約金、損害賠償その他その債務に従たる全てのもの及びその保証債務について約定された違約金又は損害賠償の額について、その全部に係る極度額を定めなければ無効となる（民法465条の2第2項）。したがって、②は妥当である。③の肢において、Y社の求めを受けてZが連帯保証人となる場合に、Zの負担する連帯保証債務がY社の事業のために負担する債務と認められる場合、主たる債務者Y社がZに対して、Y社に関する民法465条の10第1項各号に掲げる事由を伝えず、Zがその事項について誤認をし、それによって保証契約の申込み又はその承諾の意思表示をした場合において、主たる債務者がその事項に関して情報を提供せず又は事実と異なる情報を提供したことを債権者であるXが知り又は知ることができたときは、保証人は、保証契約を取り消すことができる（民法465条の10第2項）。③の肢は、債権者XがZに民法465条の10第1項各号に掲げる事由を伝えなかったものであるから、Zが民法465条の10第2項に基づいて連帯保証契約を取り消すことはできない。したがって、③は最も妥当でない。民法465条の10第1項及び第2項の規定については、保証する者が法人である場合には適用されない（民法465条の10第3項）。④の肢において、保証する者は法人であるW社であるから、民法465条の10第2項に基づく保証人の取消権は生じない。したがって、

④は妥当である。よって、正解は、③である。（基本法務テキスト348〜350，358頁）

<問16>

〔正解〕③（配点25点）

〔解説〕この問題は、刑法分野からの出題である。公務執行妨害罪は、職務を執行する公務員に暴行又は脅迫を加えて成立する罪であるから、暴行・脅迫を欠く本事例では成立しないので、①は妥当である。電子計算機損壊等業務妨害罪は、業務に使われているコンピューターの使用目的と異なる動作をさせたり使用目的に沿う動作をさせないことによって成立する罪で、公務も業務に含まれるから、②は妥当である。地方公務員法60条2号の守秘義務違反の罪（秘密漏示罪）は、職務上知りえた秘密を漏示した場合に成立する罪であり、個人的に知った秘密については成立しないから、③は妥当でない。公電磁的記録不正作出罪は、自治体職員が今日では一般化した電磁的記録に虚偽記載すると作成権限の有無にかかわらず成立する罪であるから、④は妥当である。（基本法務テキスト418〜420，424頁）

<問17>

〔正解〕④（配点15点）

〔解説〕この問題は、行政法の行政組織法分野からの出題である。①〜③は、それぞれ事務配分の単位としての行政機関である。④の公正取引委員会が、私人に対する作用法規定に基づく権限を行使する行政庁である。（基本法務テキスト82〜83頁）

<問18>

〔正解〕②（配点10点）

〔解説〕この問題は、憲法分野からの出題である。憲法上の権利を制約する法令の合憲性について、最高裁は、規制手段が規制目的を達成するための必要性と合理性を備えているかという観点から審査を行うことが多く、本判決でもそのような審査が行われている。したがって、正解は②。（基本法務テキスト68頁）

<問19>

〔正解〕④（配点10点）

〔解説〕この問題は、地方自治法の議会分野からの出題である。①は、地方自治法116条1項に定めるところであり、妥当である。②は、地方自治法115条1項は、議会の会議について原則公開とする旨を定めており、妥当である。③は、地方自治法113条に定めるいわゆる定足数の原則であり、妥当である。地方自治法119条は、会期中に議決に至らなかった事件は、後会に継続しないと定めており、④は妥当でない。（基本法務テキスト210，213頁）

<問20>

〔正解〕④（配点15点）

〔解説〕この問題は、行政法の行政救済法分野からの出題である。最判昭53・7・4民集32巻5号809頁は、国家賠償法2条1項の「設置管理の瑕疵」を「通常有すべき安全性を欠いていること」

ととらえているので、①は妥当である。同条の公の営造物は、②のとおり解されており、また、動産も含むので、②③は妥当である。④のように、利用者にとっては問題がない場合であっても、利用により第三者に被害が及ぶのであれば、瑕疵が認められることがある。これを供用関連瑕疵又は機能的瑕疵という。よって④は妥当でない。（基本法務テキスト144頁）

＜問21＞

〔正解〕①（配点15点）

〔解説〕この問題は、序章からの出題である。ただし書きの前の部分は本文というので、①は誤り。柱書きは、各号列記部分以外の部分をいう。bがただし書き、cが各号列記であることは論を待たない。施行期日や経過規則等について定める附則に対し、法令の本体部分を本則というので、④は正しい。（基本法務テキスト10～11頁）

＜問22＞

〔正解〕②（配点10点）

〔解説〕この問題は、民法総則の諸制度分野からの出題である。①不法行為による損害賠償の請求権は、被害者又はその法定代理人が損害「及び」加害者を知った時から3年間行使しないとき、時効によって消滅する（民法724条1号）。もっとも、人の生命又は身体を害する不法行為による損害賠償請求権の消滅時効は、3年間ではなく、「5年間」である（民法724条の2）。したがって、①は妥当でない。②民法改正により、商事債権の時効期間を5年間と定めている商法522条の規定が削除され、商事債権であるかどうかにかかわらず、「債権者が権利を行使することができることを知った時から5年間、権利を行使することができる時から10年間」で時効により消滅する（民法166条1項）。したがって、②は妥当である。③国税の徴収を目的とする国の権利（国税の徴収権）は、その国税の法定納期限から5年間行使しないことによって、時効により消滅する（国税通則法72条1項）。したがって、③は妥当でない。④地方公共団体が有する金銭債権や地方公共団体に対する金銭債権は、大量処理の必要性から、権利を行使することができる時（客観的起算点）からの時効のみ定められており、その期間は5年間に短縮されている（地方自治法236条1項）。したがって、④は妥当でない。（基本法務テキスト296～297，304頁）

＜問23＞

〔正解〕①（配点15点）

〔解説〕この問題は、地方自治法の執行機関分野からの出題である。地方自治法180条1項は、議会の権限に属する軽易な事項で、その議決により特に指定したものについて、長の専決処分にすることができる旨を規定しており、①は妥当でない。②～④は、地方自治法179条1項の規定に則しており、いずれも妥当である。（基本法務テキスト218頁）

＜問24＞

〔正解〕③（配点10点）

〔解説〕この問題は、民法の親族分野からの出題である。実親子関係には、嫡出子と非嫡出子とがある。このうち非嫡出子にあっては、父が認知した場合のみ父子関係が法的に承認されるが、母

子関係については分娩の事実により客観的に生じるので、①は妥当である。養親子関係は、血縁関係を前提とせずに養子縁組という法定の手続を経ることによって法的に親子関係が認められる制度（民法792条～801条）であるから、②は妥当である。民法上、養子制度は、普通養子制度（民法792条～801条）及び養子になる者や養親となる者に厳格な制限を加えて実父母との血縁関係を終了させる特別養子制度（民法817条の2～817条の11）の2種類の養子制度があるので、③は妥当でない。親権を行う者は、子の財産管理権及び財産に関する法律行為についての代理権が認められている（民法824条本文）ので、④は妥当である。したがって、正解は③である。（基本法務テキスト371, 377～378頁）

＜問25＞

〔正解〕②（配点15点）

〔解説〕この問題は、民法の親族・相続分野からの出題である。①まず、相続された預貯金債権は遺産分割の対象に含まれる（最大決平28・12・19民集70巻8号2121頁）ので、含まれないという部分は誤りである。また、遺産分割の対象に含まれることから、相続人は、原則として、法定相続分の範囲内であっても単独で払戻しを受けることはできないが、2019年7月1日施行の改正で、法定相続分の3分の1については、単独での払戻しが認められた（民法909条の2）。したがって、①は、妥当でない。②自筆証書遺言は自書することが必要である（民法968条1項）が、相続財産の目録を添付する場合は、その部分は自書でなくてもよい（同2項）。したがって、②は妥当である。③遺留分を侵害された相続人は、贈与や遺贈を受けた者に対して、直接に侵害された額の金銭を請求することはできるから（民法1046条1項）、③は妥当でない。④配偶者は、相続開始時に居住していた被相続人所有の建物について、配偶者以外の者が相続した場合でも、配偶者の居住権が保護されている（配偶者短期居住権、配偶者居住権）。しかし、優先的に所有権を相続できるわけではないから、④は妥当でない。以上から、②が妥当であり、正解となる。（基本法務テキスト374～377頁）

＜問26＞

〔正解〕②（配点25点）

〔解説〕この問題は、行政法の行政作用法分野からの出題である。行政手続法36条の3に基づく処分の求めの申出は、「申出」という文言や諾否の応答義務が定められていないこと等から、行政手続法上の申請に当たらないと解されるから、①は妥当でない。行政手続法上の申請は、「自己に対し何らかの利益を付与する処分……を求める行為」とされている（2条3号）から、保安林の指定のような名宛人のいない一般処分を求める行為は、行政手続法上の申請に当たらない。したがって、②は妥当である。行政手続法上の不利益処分は、「特定の者を名あて人と」するものであるので（2条4号）、保育所廃止条例制定行為のような名宛人のいない一般処分は、行政手続法上の不利益処分にあたらない。よって③は妥当でない。代執行のような「事実上の行為」は、行政手続法上の不利益処分にあたらないとされている（2条4号ただし書イ）から、④は妥当でない。（基本法務テキスト97～98, 106～107頁）

<問27>

〔正解〕②（配点15点）

〔解説〕この問題は、憲法分野からの出題である。北方ジャーナル事件判決（最大判昭61・6・11民集40巻4号872頁）は、「一定の記事を掲載した雑誌その他の出版物の印刷、製本、販売、頒布等の仮処分による事前差止め」は憲法21条2項にいう「検閲」には該当しないとするため、①は妥当でない。レペタ訴訟判決（最判平1・3・8民集43巻2号89頁）は、「筆記行為の自由は、憲法21条1項の規定の精神に照らして尊重されるべきである」としつつ、「報道のための取材の自由も、憲法21条の規定の精神に照らし、十分尊重に値するものである」から、「司法記者クラブ所属の報道機関の記者に対してのみ法廷においてメモを取ることを許可することも、合理性を欠く措置ということはできない」としているので、③は妥当でない。博多駅事件決定（最大決昭44・11・26刑集23巻11号1490頁）は、「報道のための取材の自由も、憲法21条の精神に照らし、十分尊重に値いする」としつつ、「公正な刑事裁判の実現を保障するために、……取材の自由がある程度の制約を蒙ることとなつてもやむを得ない」として当該事案における取材フィルムの提出命令を合憲と判断したので、④は妥当でない。これに対し、同じ博多駅事件決定は②のように判示しているので、②が妥当である。（基本法務テキスト65頁）

<問28>

〔正解〕②（配点15点）

〔解説〕この問題は、地方自治法の自治立法分野からの出題である。上乗せ・横出し条例の制定を法律が明文で許容する場合がある（例えば大気汚染防止法4条1項、水質汚濁防止法29条等）。上書き条例については、法令規定の書き換えに当たることから、法令による委任がなければ制定できないとするのが通説である。都道府県条例と市町村条例の間においても抵触問題が生じる可能性があり、地方自治法は2条16項及び17項で両者の調整規定を置いている。法律と条例の規制目的が異なる場合でも、条例によって法律と同一の対象事項を規制する際には、そのことによって法律の目的や効果を阻害することがあってはならないと解されている（徳島市公安条例事件判決。最大判昭50・9・10刑集29巻8号489頁）。正解は②である。（基本法務テキスト176～179頁）

<問29>

〔正解〕③（配点15点）

〔解説〕この問題は、刑法分野からの出題である。公務員になろうとする者が、担当すべき職務に関して、請託を受けて、賄賂を収受した場合、公務員になった時、刑法197条2項の事前収賄罪が成立し、後に賄賂を返還しても、罪の成否に影響しない。事後収賄罪は、公務員であった者が、賄賂を収受する場合である。在職中に請託を受けて賄賂を収受する場合は、受託収賄罪が成立する。刑法上保護されない違法な事務に背いても、背任罪は成立しない。また、賄賂は既にXの物となっているから、他人であるAの物ではなく、横領罪は成立しない。したがって、③が妥当である。（基本法務テキスト425，427頁）

<問30>

〔正解〕③（配点10点）

〔解説〕この問題は、地方自治法の自治立法分野からの出題である。憲法94条は、「地方公共団体は、その財産を管理し、事務を処理し、及び行政を執行する権能を有し、法律の範囲内で条例を制定することができる。」と定めており、同条が地方公共団体の条例制定権に関する憲法上の根拠規定とされている。法律による委任がある場合に限って地方公共団体の条例をもって権利を制限することができるとは解されていない。地方公共団体の行政委員会の制定する規則は、憲法、法令、条例はもとより、長の規則に違反することもできない（地方自治法138条の4第2項）。地方公共団体の長の制定する規則は、議会の議決を効力発生要件としていない。正解は③である。（基本法務テキスト173〜174，180〜181頁）

<問31>

〔正解〕④（配点10点）

〔解説〕この問題は、行政法の行政作用法分野からの出題である。平等原則は、給付行政のみならず規制行政にも適用されるから、①は妥当でない。比例原則は行政裁量を完全に否定するものではなく、比例原則違反が裁量の逸脱・濫用を基礎付けうるにとどまるから、②は妥当でない。最判昭56・1・27民集35巻1号35頁は、行政主体と私人との間で、特定の施策の維持を内容とする契約が締結されていなくても、一定の要件を満たせば信頼が保護されるとしているから、③は妥当でない。最判昭62・10・30判時1262号91頁は、租税法律主義の原則が貫かれるべき租税法律関係においては、信義則の適用については慎重でなければならず、租税法規の適用における納税者間の平等、公平という要請を犠牲にしてもなお納税者の信頼を保護しなければ正義に反するといえるような特別の事情が存する場合に、初めて信義則の適用の是非を考えるべきであるとしているから、④は妥当である。（基本法務テキスト90〜91頁）

<問32>

〔正解〕②（配点10点）

〔解説〕この問題は、行政法の行政救済法分野からの出題である。抗告訴訟とは、公権力の行使に関する不服の訴訟であり（行政事件訴訟法3条1項）、当事者訴訟は、公法上の法律関係に関する訴え（行政事件訴訟法4条）であるから、①④は妥当でない。当事者間の具体的な権利義務の紛争であって、法令の適用によって解決可能なもの、という二つの要素は、法律上の争訟の要素である（最判昭29・2・11民集8巻2号419頁）。民衆訴訟は、国又は公共団体の機関の法規に適合しない行為の是正を求める訴訟で、選挙人たる資格その他自己の法律上の利益にかかわらない資格で提起するものをいう（行政事件訴訟法5条）。よって③も妥当でない。②は機関訴訟を定めた行政事件訴訟法6条からの引用である。（基本法務テキスト128〜129，149頁）

<問33>

〔正解〕③（配点10点）

〔解説〕この問題は、行政法の行政救済法分野からの出題である。義務付け訴訟には、申請型義務付け訴訟と直接型（非申請型）の義務付け訴訟がある。申請型義務付け訴訟には、拒否処分型と

不作為型がある。①は、申請型義務付け訴訟のうち、拒否処分型の義務付け訴訟が提起される場合である。②は、申請型義務付け訴訟のうち、不作為型の義務付け訴訟が提起される場合である。差止め訴訟には、不利益処分を当該処分の名宛人が差止めるために提起する場合と、許可等の授益処分を第三者が差止めるために提起する場合とがありうる。したがって、③は妥当でない。差止め訴訟は、処分がなされる前に提起される必要があるので、④は妥当である。（基本法務テキスト131〜133，149頁）

<問34>

〔正解〕④（配点10点）

〔解説〕この問題は、地方自治法の財務分野からの出題である。地方自治法は、予算の調整に関して、「普通地方公共団体の長は、毎会計年度予算を調製し、年度開始前に、議会の議決を経なければならない。」（地方自治法211条1項前段）と定めている。よって、④が正しい。（基本法務テキスト235頁）

<問35>

〔正解〕③（配点15点）

〔解説〕この問題は、地方自治法の第1節からの出題である。機関委任事務とは、他の行政主体、主に国の事務を、地方公共団体の機関である都道府県知事や市町村長等の執行機関に委任して実施することとされている事務のことであり、市町村長が行う事務には機関委任事務はなかったとする①は妥当でない。シャウプ勧告と神戸勧告は、事務配分における市町村優先の原則を提起したものであるため、国の権限強化を求めたとする②は妥当でない。③は妥当である。機関委任事務の廃止は第一次地方分権改革の主な成果であるから、④は妥当でない。（基本法務テキスト154〜156頁）

<問36>

〔正解〕④（配点15点）

〔解説〕この問題は、行政法の行政作用法分野からの出題である。補助金等に係る予算の執行の適正化に関する法律は、国が補助金交付を行いうることを前提として、その適正化を図るための規制規範であり、地方公共団体は、補助金交付の根拠となる条例がなくても、補助金交付をすることはできるから、①は妥当でない。最判昭63・6・17判時1289号39頁によれば、法令上指定の撤回について直接明文の規定がなくとも、指定医師の指定の権限を付与されている医師会は、その権限において指定を撤回することができるから、②は妥当でない。食品衛生法63条の公表は、国民に対する情報提供の趣旨であり、同条は、「努めるものとする」との文言から、同条が存在しなくても公表を行いうることを前提として、それを促す趣旨と解されるから、③は妥当でない。租税法律主義を徹底する見地から、法律で定められた租税を徴収するかどうかについて、行政機関に裁量はないと解されているから、現行租税法規が規定している国税を、一定の場合に減免する措置を執ることは、減免の根拠となる法律の規定が存在しなければ、行うことができない。したがって、④は妥当である。（基本法務テキスト89〜90，106頁）

＜問37＞

〔正解〕④（配点25点）

〔解説〕この問題は、憲法分野からの出題である。憲法95条は住民投票における過半数の同意を経れば「一の地方公共団体のみに適用される特別法」（以下「地方特別法」という）を制定できるとしているので、①は妥当でない。地方特別法に必要な同意は地方議会ではなく住民からのものなので、②は妥当でない。地方特別法は住民投票で過半数の同意を得られなければ制定することはできないので、③は妥当でない。最大判平8・8・28民集50巻7号1952頁では、事実上沖縄のみに適用されている駐留軍用地特別措置法について、形式的には、沖縄県以外の自治体にも適用されるとして、憲法95条に反しないとしているので、④は妥当である。よって正解は④。（基本法務テキスト54頁）

＜問38＞

〔正解〕②（配点10点）

〔解説〕この問題は、刑法分野からの出題である。刑法で規定されている違法性阻却事由は、正当行為、正当防衛、緊急避難で、それ以外で違法性が阻却されるのが超法規的違法性阻却事由と呼ばれる。誤想防衛は、違法性阻却事由ではなく、故意責任（学説によっては故意そのもの）が阻却されるものである。したがって、①③④は妥当であり、②は妥当でない。（基本法務テキスト413頁）

＜問39＞

〔正解〕④（配点15点）

〔解説〕この問題は、民法の不当利得分野からの出題である。不法の原因のために給付をした者は、その給付したものの返還請求をすることができず、これを不法原因給付という（民法708条本文）ため、①は妥当である。不法原因給付が問題となる例としては、賭博関係、婚姻外性関係、裏口入学関係、麻薬取引関係等の反社会性が強い行為が該当するとされており、②は妥当である。判例上、不法原因給付が成立する結果、返還対象物に関して不当利得返還請求できない場合、返還請求することができないことの反射的効果として、当該返還対象物の所有権が受贈者に帰属することになるとされている（最大判昭45・10・21民集24巻11号1560頁）ため、③は妥当である。不法原因給付における「給付」は終局的であることが必要であり、登記された不動産については、引き渡しただけでは足りず、移転登記まで必要とするのが判例である（最判昭46・10・28民集25巻7号1069頁）から、④は妥当でない。したがって、正解は④である。（基本法務テキスト361〜362頁）

＜問40＞

〔正解〕③（配点10点）

〔解説〕この問題は、刑法分野からの出題である。刑法とは、狭義には明治40年制定の法律「刑法」を指し、広義には、どのような行為が罪となりどのような刑が科されるかを定めたすべての法規を指す。狭義の刑法に定められた罪を刑法犯と呼び、それ以外の罪を特別法犯と呼ぶ。条例に定められている罪は、後者の特別法犯である。したがって、③が妥当であり、①②④は妥当でない。

（基本法務テキスト387〜388頁）

<問41>

〔正解〕③（配点15点）

〔解説〕この問題は、地方自治法の国又は都道府県の関与分野からの出題である。関与の基本類型のうち、地方自治法に根拠のあるものについて、関与設定の基準という立法指針が課せられているものの（地方自治法245条の3第2項〜6項）、個別法で別の定めをすることは妨げられていない（基本法務テキスト263頁）。したがって①は妥当でない。関与法定主義にいう関与の根拠となる法は、法律又はこれに基づく政令である（地方自治法245条の2。基本法務テキスト263頁）。したがって②は妥当でない。地方自治法247条〜250条の5に定める関与の手続ルールは、他の法律に特別の定めがない限り、地方公共団体に対する国の関与について適用される（地方自治法246条。基本法務テキスト267〜269頁）。したがって③は妥当である。関与の手続ルールは、関与について適用されるものであり、関与にあたらない処理基準には適用されない（基本法務テキスト265頁）。したがって④は妥当でない。

<問42>

〔正解〕①（配点10点）

〔解説〕この問題は、民法の契約（売買）分野からの出題である。解約権を留保する趣旨で交付する解約手付に関し、民法は、買主が売主に解約手付を交付したときは、その相手方が契約の履行に着手するまでは、買主はその手付を放棄し、売主はその倍額を現実に提供して契約の解除をすることができると規定している（民法557条1項）。したがって、売主が履行に着手すれば、買主はその手付を放棄して契約を解除することができなくなるので、①は妥当でない。引き渡された売買の目的物が種類、品質又は数量に関して契約の内容に適合しないものであるときは、買主は、売主にその不適合を理由として、追完請求権・代金減額請求権・損害賠償請求権・解除権を行使できるが（民法562〜564条）、追完請求権として、目的物の修補、代替物の引渡し、不足分の引渡しを請求することができる（民法562条1項本文）。したがって、②は妥当である。建物売買で建物のために存在するとされた土地賃借権が存在していなかった場合は、移転した権利が契約の内容に適合しない場合であるので、買主は、売主に対し、その不適合を理由として、追完請求権・代金減額請求権・損害賠償請求権・解除権を行使することができる（民法565条）。したがって、③は妥当である。民法上の買戻しは、解除権留保付の不動産売買で、民法は、売買契約と同時にした買戻しの特約により、売主は、買主が支払った代金及び契約の費用を返還して売買契約の解除をすることができると規定している（民法579条）。したがって、④は妥当である。以上より、正解は①となる。（基本法務テキスト340〜343，356頁）

<問43>

〔正解〕④（配点25点）

〔解説〕この問題は、行政法の行政作用法分野からの出題である。本判決は、「行政指導として教育施設の充実に充てるために事業主に対して寄付金の納付を求めること自体は、強制にわたるなど事業主の任意性を損うことがない限り、違法ということはできない」としているから、①は妥当

でない。本判決は、指導要綱の文言及び運用の実態を重視しており、負担金の納付を求められた事業主が、求めに応じないという意思表明をしたかどうかは問題としていないから、②は妥当でない。本判決は、強迫による意思表示の取消しを認めたものではないから、③は妥当でない。④は、本判決のとった立場であり、妥当である。（基本法務テキスト107〜108頁）

<問44>

〔正解〕④（配点15点）

〔解説〕この問題は、刑法分野からの出題である。課徴金、重加算税、過料は、刑罰ではない。罰金は、両罰規定でひろく法人にも科されている。したがって④が妥当である。（基本法務テキスト388〜389頁）

<問45>

〔正解〕②（配点15点）

〔解説〕この問題は、地方自治法の選挙分野からの出題である。期日前投票の選挙権は投票の当日認定されることから、投票後に選挙人が死亡等により選挙権を失ったとしても、その投票は有効である（公職選挙法43条）。よって、①は妥当でない。投票立会人は最低2人必要であり、投票開始後に2人に達しなくなったときに行われた投票は無効となるため、投票開始後2人に達しなくなったときは、投票管理者は、選挙権を有する者の中から投票立会人を選任して投票に立ち会わせなければならない。よって、②は妥当である。インターネット等による文書図画の頒布は、受信者の使用する通信端末機器の映像面に表示させる方法によることとされており、表示された内容をプリントアウトして頒布することは、法定外文書の頒布として違法となる（公職選挙法142条1項・142条の3第1項）。よって、③は妥当でない。年齢が18歳未満の者は、どのような手段によるものであれ、選挙運動をすることができない（公職選挙法137条の2第1項）。よって、④は妥当でない。（基本法務テキスト191〜193頁、197頁）

<問46>

〔正解〕②（配点10点）

〔解説〕この問題は、行政法の行政組織法分野からの出題である。権限の委任は、行政庁に与えられた権限を当該行政庁が他の行政機関に委任して行わせることである。権限の委任は、法律上の権限の移動を伴うので、法律の根拠が必要である。よって①は妥当でない。受任機関は、行政庁として自己の名と責任で権限を行使することになり、行政庁となる。よって②は妥当である。権限の委任があると、原則として、委任機関は、受任機関を指揮監督できないが、受任機関が委任機関の下級機関である場合には委任機関は受任機関を指揮監督することができる。よって④は妥当でない。権限の委任と権限の代理は内容を異にするので、③は妥当でない。（基本法務テキスト85頁）

<問47>

〔正解〕②（配点25点）

〔解説〕この問題は、地方自治法の選挙分野からの出題である。選挙人名簿に登録されている者が

刑に処せられ選挙権を失った場合、市町村選挙管理委員会は選挙人名簿にその旨の表示をしなければならないこととされているが、選挙権を回復すれば、その表示は消除される（公職選挙法27条1項、同法施行令16条）。登録の抹消が行われるのは、（1）死亡又は日本国籍を喪失したとき、（2）他の市町村に転出したため表示された者が転出後4ヶ月を経過したとき、（3）登録の際に、登録されるべき者でなかったとき、である（公職選挙法28条）。よって、①は妥当である。当選を得若しくは得しめない目的をもって選挙人又は選挙運動者に対し、金銭、物品その他の財産上の利益を供与すること、供与の申込みや約束をすることは買収罪にあたる（公職選挙法221条1項1号）。よって、②は妥当でない。Bは、後援会や会社、組合等の組織が候補者と意思を通じて選挙運動を行っている場合に当該組織において選挙運動計画の立案・調整や選挙運動従事者の指揮・監督を行う組織的選挙運動管理者等（公職選挙法251条の3第1項）にあたると考えられることから、Bが買収罪で禁錮以上の刑（執行猶予も含む）に処せられた場合、連座制が適用されてAの当選は無効となり、連座裁判確定の日から5年間、当該選挙と同一の選挙で、同一選挙区からの立候補が禁止される。よって、③は妥当である。前述のように、組織が候補者と「意思を通じて」選挙運動を行っていなければ、組織的選挙運動管理者にあたらないため、連座制は適用されない。よって、④は妥当である。（基本法務テキスト192，197頁）

〈問48〉

〔正解〕④（配点25点）

〔解説〕この問題は、行政法の行政救済法分野からの出題である。①～③は判旨に適合している。判旨を丁寧に読めば、消防長が、人命の救助のために緊急の必要があるときに延焼のおそれがない消防対象物を破壊した場合、その損失を補償しなければならないことがわかる。よって、④は判旨に適合しない。（基本法務テキスト146～147頁）

〈問49〉

〔正解〕②（配点10点）

〔解説〕この問題は、民法の物権分野からの出題である。①民法その他の法律に定めるもののほか、新たに物権を創設することができない原則を物権法定主義という（民法175条）。譲渡担保は民法に規定されていない非典型担保の一つであるが、判例によって認められた担保物権である（大判大3・11・2民録20輯865頁等）。したがって、①は妥当でない。②他人の土地を一定の目的のために使用収益する制限物権を用益物権といい、民法上、地上権（民法265条）・永小作権（民法270条）・地役権（民法280条）・共有の性質を有しない入会権（民法294条）を挙げることができる。したがって、②は妥当である。③民法上の担保物権は、法律上当然に成立する法定担保物権と、担保物権の目的物の所有者と債権者との意思表示によって設定される約定担保物権とがある。前者の例が留置権（民法295条）・先取特権（民法303条）であり、後者の例が質権（民法342条）・抵当権（民法369条）である。先取特権は法定担保物権であり、質権は約定担保物権である。したがって、③は妥当でない。④他人の土地上に建物を所有する目的で、締結される権利として地上権（民法265条）と賃借権（民法601条）がある。両者は不動産利用を目的としているが、前者は物権であり、後者は債権である。したがって、④は妥当でない。（基本法務テキスト313～315，319～322頁）

＜問50＞

〔正解〕②（配点15点）

〔解説〕この問題は、行政法の行政救済法分野からの出題である。取消訴訟の対象である「処分その他公権力の行使」（行政事件訴訟法３条１項）には、権力的事実行為も含まれると解されているので、①は妥当である。行政事件訴訟法の取消訴訟に関する規定は、他の抗告訴訟にも準用されているので（行政事件訴訟法38条）、③も妥当である。行政処分を争う場合、行政事件訴訟に基づき取消訴訟を提起するか、行政不服審査法に基づき審査請求をするかの選択は原則として自由であるが（行政事件訴訟法８条１項）、例外的に、個別法により審査請求を経なければ原処分の取消訴訟を提起することができないと定められることがある（行政事件訴訟法８条１項）。また、裁決の取消訴訟では、裁決固有の違法のみを主張することができるとされている（行政事件訴訟法10条２項）。よって④は妥当であるが、②は妥当でない。（基本法務テキスト120～121，130頁）

＜問51＞

〔正解〕②（配点15点）

〔解説〕この問題は憲法分野からの出題である。空知太神社事件最高裁判決（最大判平22・1・20民集64巻１号１頁）の原文は以下の通り。「社会通念に照らして総合的に判断すると、本件利用提供行為は、市と本件神社ないし神道とのかかわり合いが、我が国の社会的、文化的諸条件に照らし、信教の自由の保障の確保という制度の根本目的との関係で相当とされる限度を超えるものとして、憲法89条の禁止する公の財産の利用提供に当たり、ひいては憲法20条１項後段の禁止する宗教団体に対する特権の付与にも該当すると解するのが相当である。」（基本法務テキスト39頁）本件以前の政教分離判例は、多元的重層的に併存する宗教団体に対して、国または地方公共団体が、公金を支出するなどしてかかわり合いをもってしまったことの是非をめぐる事案であり、これについては、津地鎮祭事件最高裁判決（最大判昭52・7・13民集31巻４号533頁）以来、目的効果基準が用いられてきた。ところが、本件の場合、新憲法下において政教分離を徹底させることができず、戦前以来の神社ないし神道とのかかわり合いが放置されてきた事例であって、目的効果基準にはなじまなかったものと考えられる。この点で、本件判決が「総合的に判断」して結論を出すことになったのは、「目的効果基準の適用の可否が問われる以前の問題」であったからだと指摘する藤田宙靖補足意見は、注目に値する。

＜問52＞

〔正解〕③（配点25点）

〔解説〕この問題は、民法の物権分野からの出題である。①公信の原則とは、実際には権利が存在しないのに権利が存在すると思われるような外形的事実（公示）がある場合に、その外形を信頼し、権利があると信じて取引をした者を保護するために、その権利が存在するものとみなす原則をいう。動産については、動産の占有に公信力を認め、動産の占有者を所有者と誤信して取引した者は権利を即時に取得するとしている（民法192条～194条）。これに対して、不動産については、登記簿上の権利者が真実の権利者と違っている場合に登記を信頼して取引をしても、即時取得のような制度は規定されていない。以上より、民法上、公信の原則は動産のみであり、不動産は含

まれない。したがって、①は妥当ではない。②即時取得（民法192条）は、動産取引の安全を保護する制度であるから、「取引行為によって」動産の占有を始めたことが必要である。このため、相続などの包括承継によって動産の占有を取得した場合には適用されない。したがって、②は妥当でない。③即時取得（民法192条）が成立する場合、占有物が「盗品又は遺失物」であるとき（目的物が権利者の意思によらずにその占有を離れた場合）は、被害者又は遺失者は、盗難又は遺失の時から２年間、占有者に対してその物の回復（返還）を請求できる（民法193条）。本問の場合、腕時計は盗品であるから、盗難の時から２年間、Bは、Cに対して、腕時計の返還を請求できる。したがって、③は妥当であり、正解となる。④占有者が、盗品又は遺失物を、競売若しくは公の市場において、又はその物と同種の物を販売する商人から、善意で買い受けたときは、被害者又は遺失者は、占有者が支払った代価を弁償しなければ、その物を回復することができない（民法194条）。本問の場合、Bは、DがCに支払った代価を弁償しなければ甲腕時計を返還してもらうことはできない。したがって、④は妥当でない。（基本法務テキスト307～308頁）

<問53>

〔正解〕④（配点25点）

〔解説〕この問題は、地方自治法の国又は都道府県の関与分野からの出題である。地方自治法245条の３の定める関与設定の基準は、国会を名宛人とする立法指針ではあるが、地方自治法と個別法律は法律としての効力においては同レベルであることから、関与設定の基準に反する個別法律が当然に無効となるとはいえない。したがって①は妥当でない。法定受託事務に係る処理基準は、対外的に法的拘束力を有しないことから、処理基準に違反する地方公共団体の処分は、直ちに違法となるものではない。したがって②は妥当でない。地方公共団体が、法定受託事務の処理について、是正の指示を受けたにもかかわらず、これに応じず、かつ、審査の申出も行わない場合には、国は不作為違法確認訴訟を提起することができるが、国地方係争処理委員会への審査の申出はできない。したがって③は妥当でない。国地方間の関与不服争訟について、国地方係争処理委員会の勧告が法的拘束力を有していないことはもちろん、裁判所の判決についても、仮にこれに従わない場合には判決の実効性を担保する手段は地方自治法上定められていない。したがって④は妥当である。

<問54>

〔正解〕③（配点15点）

〔解説〕この問題は、地方自治法の第１節からの出題である。指定都市は、人口50万以上の市の中から政令によって指定される（地方自治法252条の19第１項）。大都市地域における特別区の設置に関する法律は、道府県内の関係市町村を廃止して特別区を設けるための手続を定める法律である。指定都市内に設置される総合区の総合区長は、総合区の区域に係る政策及び企画をつかさどるほか、法律若しくはこれに基づく政令又は条例により総合区長が執行することとされた事務及び市長の権限に属する事務のうち主として総合区の区域内に関するもので地方自治法252条の20の２第８項１～４号に掲げるものを執行し、これらの事務の執行について当該指定都市を代表する（地方自治法252条の20の２第８項）。指定都市内に設置される区（行政区）は、法人格を有していない。正解は③である。（基本法務テキスト157～159, 161頁）

<問55>

〔正解〕④（配点10点）

〔解説〕この問題は、地方自治法の執行機関分野からの出題である。①は地方自治法138条の4第3項、②は同138条の2、③は同138条の3第3項に定めるところであり、いずれも妥当である。④は執行機関法定主義に反する記述であり、妥当でない。（基本法務テキスト219頁）

<問56>

〔正解〕①（配点15点）

〔解説〕この問題は、地方自治法の地方公務員分野からの出題である。地方公務員法が定める職員に対する不利益処分の手続は、処分事由と不服申立ての教示を記載した説明書を交付し、職員の側から説明書の交付を請求することができるというものにとどまり（③、④は正しい。地方公務員法49条1項・2項）、公務員の職務又は身分に関する処分については、行政手続法の適用は除外されている（①は誤り。行政手続法3条1項9号）。憲法の適正手続の要請に照らして十分といえるか、学説からは疑問も提起されている。不利益処分に対する事後手続としては、処分を受けた職員は、人事委員会又は公平委員会に対してのみ、行審法による不服申立てをすることができる（②は正しい。地方公務員法49条の2）。ただし、行審法第2章の規定の適用はなく（同条3項）、条件附採用期間中の職員、臨時的に任用された職員に対する処分については行審法の規定は適用されない（同29条の2）。（基本法務テキスト228頁）

<問57>

〔正解〕④（配点15点）

〔解説〕この問題は、地方自治法の監査と住民訴訟分野からの出題であり、内部統制の制度や手続に関する知識を問う問題である。①は、地方自治法150条1項に則した記述であり、妥当である。②は、地方自治法150条1項2号に則した記述であり、妥当である。③は、地方自治法150条2項に則した記述であり、妥当である。④は、地方自治法150条6項によると、監査委員の審査に付するのは議会への提出前であり、議会に提出する際に意見を付けることが求められていることから、妥当ではない。（基本法務テキスト260頁）

<問58>

〔正解〕④（配点15点）

〔解説〕この問題は、行政法の行政作用法分野からの出題である。①は行政手続法3条1項9号に、②は同項7号に、③は同項8号に、それぞれ適用除外が規定されている。④を適用除外とすることは行政手続法に定められていない。（基本法務テキスト97～98頁）

<問59>

〔正解〕③（配点10点）

〔解説〕この問題は、憲法分野からの出題である。①は表現の内容規制・内容中立規制の「二分論」、②は目的二分論の説明であるから、妥当でない。他方で、③が二重の基準論の説明である。なお、憲法学では一般に、④のように言われることはない。（基本法務テキスト56～57頁）

<問60>

〔正解〕① （配点10点）

〔解説〕この問題は、民法の不法行為分野からの出題である。他人の不法行為に対して、自己又は第三者の権利を防衛するためにやむをえず加害行為を行った場合は、損害賠償責任を負わない（民法720条1項）ので、①は最も妥当でない。責任無能力者は、不法行為に基づく損害賠償義務を負わない（民法712条・713条）ので、②は妥当である。被用者が事業の執行について第三者に損害を与えたときは、使用者が責任を負う（民法715条1項）ため、③は妥当である。責任無能力者の監督者は、監督を怠れば責任無能力者の行為について責任を負う（民法714条1項）ため、④は妥当である。したがって、正解は①である。（基本法務テキスト363～364，366～369頁）

<問61>

〔正解〕③ （配点10点）

〔解説〕この問題は、地方自治法の選挙分野からの出題であり、選挙に関する基礎的知識を問うものである。公職の候補者等（公職の候補者、公職の候補者となろうとする者、公職にある者）は、社交的儀礼の範囲内のものか否かを問わず、選挙区内にある者に対して寄附をすることは禁止される（公職選挙法199条の2第1項）。よって、①は妥当でない。3ヶ月以上住民基本台帳に記録されていた市町村から転出した年齢満18歳以上の者で、転出後4ヶ月を経過しないものについては、従前の住所地の市町村の選挙人名簿に登録される（公職選挙法21条2項）。よって、②は妥当でない。天災又は悪天候により投票所に到達することが困難な選挙人は、選挙期日の公示日又は告示日の翌日から選挙期日の前日までの間、期日前投票をすることができる（公職選挙法48条の2第1項6号。平成28年改正により追加）。よって、③は妥当である。何人も、ウェブサイト等を利用する方法により、選挙運動用文書図画の頒布を行うことができる。ウェブサイト等を利用する方法とは、インターネット等を利用する方法により、文書図画をその受信する者が使用する通信端末機器の映像面に表示させる方法のうち、電子メールを利用する方法を除いたものをいい、ホームページ、ブログ、ＳＮＳ、動画共有サービス、動画中継サイト等がある。一方、電子メールを利用する方法による選挙運動用文書図画の頒布は、候補者や政党等に限って行うことができる。よって、④は妥当でない。（基本法務テキスト191～193頁、197頁）

<問62>

〔正解〕② （配点15点）

〔解説〕この問題は、民法総則の諸制度分野からの出題である。ア）「時間」によって期間を定めた場合、その期間は、即時から起算する（民法139条）。よって、令和2年9月1日の午前10時に「これから72時間」と期間を定めた場合、この期間は、令和2年9月4日の午前10時に満了することになる。したがって、アは妥当である。イ）日、週、月又は年によって期間を定めたときは、期間の初日は参入しない（民法140条本文）。また、この場合、期間は、その末日の終了をもって満了する（民法141条）。よって、令和2年9月1日の午前10時に「これから10日間」と期間を定めた場合、同年9月2日から期間が計算され、この期間は同年9月11日の24時に満了する。したがって、イは妥当でない。ウ）週、月又は年の初めから期間を起算しないときは、その期間は、最後の週、月又は年においてその起算日に応当する日の前日に満了する（民法143条2項本文）。した

がって、令和２年９月２日の午前10時に「これから１か月」と期間を定めた場合、起算日は９月
３日となり（初日不算入の原則）、期間は、応当日である10月３日の前日、10月２日に満了する。
したがって、ウは妥当である。エ）閏年の２月28日の午前10時に「これから１年間」と期間を定
めた場合、起算日は、２月29日となるものの翌年にはこれに応当する日がない。このように、月
又は年によって期間を定めた場合において、最後の月に応当する日がないときは、その月の末日
に満了する（143条２項ただし書き）。以上から、本肢の場合、翌年の２月28日の24時をもって満
了する。したがって、エは妥当でない。以上より、妥当なものはアとウであるから、②が妥当で
ある。（基本法務テキスト301～302，304頁）

＜問63＞

〔正解〕③（配点10点）

〔解説〕この問題は、地方自治法の自治立法分野からの出題である。行政規則である要綱は、内規
であることから、行政の外部にある者を拘束するものでなく、さらに当該要綱の規定に基づいて
行政指導が行われたとしても、そのことをもって当該行政指導が法的に正当化されるわけではな
い。条例と規則の規定事項が抵触する場合には、条例の規定が優先されるものと一般に解されて
いる。選択肢④の記述内容は、いわゆる「横出し条例」に関するものである。正解は③である。
（基本法務テキスト178，180～182頁）

＜問64＞

〔正解〕③（配点15点）

〔解説〕この問題は、地方自治法の地方公共団体の事務分野からの出題である。自治事務と法定受
託事務は、2000年施行の地方自治法による事務概念の再編成によって生まれた事務分類である
（基本法務テキスト167～168頁）。したがって①は妥当でない。自治事務の定義は、「地方公共団
体が処理する事務のうち、法定受託事務以外のものをいう」（地方自治法２条８項）として、控
除方式がとられている（基本法務テキスト169頁）。したがって②は妥当でない。自治事務につい
ても、法定受託事務と同様、法律又はこれに基づく命令によって、地方公共団体にその処理が義
務付けられている法定事務がある（基本法務テキスト170頁）。したがって③は妥当である。立法
指針としての性格を有する地方自治法２条13項は、自治事務についてのみ定められている（基本
法務テキスト170～171頁）。したがって④は妥当でない。

＜問65＞

〔正解〕②（配点15点）

〔解説〕この問題は、民法総則の諸制度分野からの出題である。成年後見制度は、本人の判断力の
欠如の程度に応じて、補助、保佐、後見の３類型を設けているので、①は妥当である。精神上の
障害によって事理弁識能力が不十分である者については、補助開始の審判がされる（民法15条１
項）ため、②は妥当でない。後見開始の審判を受けた場合、その者は行為能力が制限されるが、
日用品の購入その他日常生活に関する行為については、取り消すことができない（民法９条ただ
し書き）ため、③は妥当である。成年後見人には、保佐人や補助人と比較して、法律上、同意権
が認められていない（保佐人について民法13条１項参照、補助人について民法17条１項参照）の

で、④は妥当である。したがって、正解は②である。（基本法務テキスト287～289頁）

<問66>

〔正解〕④（配点15点）

〔解説〕この問題は、地方自治法の公の施設分野からの出題である。地方公共団体は、条例で定める重要な公の施設のうち条例で定める特に重要なものについて、これを廃止するときは、議会において出席議員の３分の２以上の者の同意を得なければならない（地方自治法244条の２第２項）。よって、①は妥当でない。指定管理者の指定手続は条例において定めておかなければならない（地方自治法244条の２第４項）が、指定管理者には「法人その他の団体」がなることが認められおり、必ずしも法人格を有していることは必要とはされていない（地方自治法244条の２第３項）。よって、②は妥当でない。地方公共団体は、他の地方公共団体との協議により、当該他の地方公共団体の公の施設を自己の住民の利用に供させることができるが、その場合、当該協議について、各地方公共団体の議会の議決を経ておかなければならない（地方自治法244条の３第２項・３項）。よって、③は妥当でない。指定管理者を含む、地方公共団体の長以外の機関がした公の施設を利用する権利に関する処分についての審査請求は、当該地方公共団体の長に対してするものとされるとともに、長は、公の施設を利用する権利に関する処分についての審査請求がされた場合には、当該審査請求が不適法であり、却下するときを除き、議会に諮問した上、当該審査請求に対する裁決をしなければならない（地方自治法244条の４第１項・２項）。よって、④は妥当である。（基本法務テキスト247～251頁）

<問67>

〔正解〕③（配点10点）

〔解説〕この問題は、民法の債権と債務分野からの出題である。債権は、債務者に対する権利であるが、例外的に第三者に対しても効力を及ぼすことがあるから、（ア）には、「第三者」が入る。債権者代位権は、債務者に資力がなく債権者に支払えない状態であるにも拘わらず、債務者が自己の債権を行使しないとき、債権者が自己の債権を保全するために、債務者の債権を債務者に代わって行使することができる権利（民法423条）である。したがって、（イ）には「債権者代位権」が入る。詐害行為取消権は、債権者が、自らの債権の十分な弁済を受けるために、自己の財産を不当に減少させる債務者の行為を取り消すことができる権利（民法424条）である。したがって、（ウ）には、「詐害行為取消権」が入る。債権者代位権も詐害行為取消権も債務者に資力がないことが要件となっている。したがって、（エ）には「無資力」が入る。以上から、正解は③となる。（基本法務テキスト326～327頁）

<問68>

〔正解〕④（配点10点）

〔解説〕この問題は憲法分野からの出題である。「最大多数の最大幸福」とは、18世紀イギリスの哲学者、ジェレミー・ベンサムの功利主義を念頭においた表現。ベンサムは、超越的な「公共の福祉」を認めず、一人ひとりの幸福を、平等に一人一票で集計することの重要性を説いた。著者はその考え方に共感しているのである。もちろん、たとえ平等主義的な一人一票の集計の結果であ

るにせよ、「最大多数の最大幸福」は、多数決万能主義に堕してしまう恐れがある。現代の正義論は、「多数者の専制」に基づく介入から、少数者ないし個人をまもるための切り札として「人権」の重要性を語ることが多い。しかし、著者はむしろ、自由放任主義の結果として生ずる独占・寡占状況が社会的多数者の利益を損なう点に注目して、多数者の福祉のためにこそ一定の国家介入が必要になったのが、現代憲法の特徴であると捉えている。20世紀のイギリスにおいて、自由党にかわって労働党が二大政党の一角を占めるに至ったことを、重く見ているのである。「最大多数の最大幸福」という表現を知っていれば、解答は容易であろう。（基本法務テキスト25頁以下）

＜問69＞

〔正解〕③（配点10点）

〔解説〕この問題は、地方自治法の地方公務員分野からの出題である。職員が恣意的にその職を奪われることのないよう身分を保障し、公務の中立性・安定性を確保する必要のある一方で、公務能率を維持するために一定の事由に該当する場合には、職員の意に反する降任、休職、免職を可能とする必要もある。こうした観点から、地方公務員法では、職員本人の意に反して、降任、免職及び休職にすることが可能な場合を規定している。具体的には、職員が、勤務実績が良くない場合（①）、心身の故障のため職務の遂行に支障があり又はこれに堪えない場合（②）そのほかその職に必要な適格性を欠く場合、職制若しくは定数の改廃又は予算の減少により廃職又は過員を生じた場合（④）には、降任、免職にすることを可能とする一方で（地方公務員法28条1項）、職員が、心身の故障のため長期の休養を要する場合、刑事事件に関し起訴された場合には、休職にすることを可能としている（地方公務員法28条2項）。したがって、③が誤り。（基本法務テキスト227頁）

＜問70＞

〔正解〕③（配点10点）

〔解説〕この問題は、行政法の行政組織法分野からの出題である。指定確認検査機関は、行政事務を委任された私法人であるから行政主体ではない。よって①は妥当でない。収用委員会や人事院は、行政機関であるから行政主体ではない。よって②④は妥当でない。国立大学法人は、行政主体の一種であると解されているので、③が妥当である。（基本法務テキスト81頁）

第 1 節　問題

問 1　自治体の規則の類型に関する次の記述のうち、妥当でないものを 1 つ選びなさい。

① 行政委員会の規則は、法律の定めるところによらなければならない。

② 長の定める規則は自治体の規則として、当該自治体全体を対象とするものであり、行政委員会の規則に優先する。

③ 政省令と異なり、自治体の規則は法令の委任を要しないので、すべて独立規則である。

④ 条例施行規則は、条例を執行するために必要な事項である、届出書の様式や必要的記載事項などを定めるものである。

問 2　地方自治法の事務処理特例制度に関する次の記述のうち、妥当でないものを 1 つ選びなさい。

① 事務処理特例制度とは、都道府県の条例により、都道府県知事の権限に属する事務の一部を市町村長に移譲するものである。

② 移譲の対象となる事務は、法律、政令、条例に加えて規則に基づき知事の権限となっているすべての自治事務である。

③ 事務処理特例制度を定める都道府県の条例を制定又は改廃する際には、都道府県知事はあらかじめ市町村長に協議することが義務付けられている。

④ 市町村長はその議会の議決を経て、事務処理特例制度による事務の移譲を都道府県知事に要請することができる。

問 3　現行の地方自治法における都道府県と市町村との関係に関する次の記述のうち、妥当でないものを 1 つ選びなさい。

① 機関委任事務の制度は、国・都道府県間であると都道府県・市町村間であるとを問わず、設けられていない。

② 都道府県は、市町村の行政事務に関し、法令に特別の定めがある場合を除き、条例で必要な規定を設けることができる。

③ 都道府県は、法律又はこれに基づく政令による場合に限り、市町村の事務の処理に関して関与を行うことができる。

④ 市町村は、都道府県の条例に違反して事務を処理した場合、その行為は無効となる。

問 4　沖縄県で2019年 2 月24日に実施された県民投票に関する次の記述のうち、妥当なものを 1 つ選びなさい。

① 都道府県条例に基づく独自の住民投票の実施例は、過去沖縄県で 2 回あるだけで、その理由のひとつとして、都道府県では、市町村と異なり、住民の居住関係情報を有しておらず、そのため市町村の協力が不可欠であることが挙げられる。

② 沖縄県で県民投票を実施可能にした理由として、県内すべての市町村が県民投票の実施に積極的であり、これに応えるべく県が条例を制定したという経緯によることが挙げられる。

③ 沖縄県の県民投票では、市町村が保有する住民の居住関係情報を県が集約し、県自らが投票事務を行うことで、県民の投票要望と市町村の事務処理の軽減を図った。

④ 沖縄県の県民投票では、事務処理の特例制度を活用し、市町村に対して投票事務の実施を義務付けた。ただし、こうした内容の条例の制定に当たっては、事前に市町村と十分に協議し、その賛意を得ていたものである。

問5　自治体法務のマネジメントに関する次の記述のうち、妥当なものを1つ選びなさい。

① 自治体法務のマネジメントには、「組織管理」、「能力管理」、「時間管理」の視点が必要である。

② 様々な課題に直面する「原課」に代わって、課題解決を法的に実現するのが「政策法務組織」である。

③ 自治体職員には、制定後相当期間が経過した条例等の例規自体の時間管理という視点が必要である。

④ 要綱でも、市民に義務を課したり、権利の制限も一定程度ならできるが、条例化するのが望ましい。

問6　法令で用いられる用語の一般的な意義に関する次の記述のうち、妥当でないものを1つ選びなさい。

① 「者」とは、法律上の人格を有する自然人の他に法人も含んで指すことがあるとされる。

② 「物」とは、法律上の人格を有する者以外の有体物を指すとされる。

③ 「物」とは、法律上の人格を有する者以外の法律上の人格を有さない団体を含んで指すことがあるとされる。

④ 「もの」は、「者」又は「物」には当たらない抽象的なものを指すとされる。

問7　公共サービスの外部化に関する次の記述のうち、妥当でないものを1つ選びなさい。

① 保育所を廃止する条例を制定し、民営化（社会福祉法人による運営への切替え）が行われた事案について、その条例制定行為が行政処分に当たるとした最高裁判所の判例がある。

② サービスの外部化による経費削減は、突き詰めると人件費の抑制に至り得る。このような改革が「官製ワーキングプア」を生み出しているという指摘がある。

③ 2018年に水道法の改正により、水道施設の運営権を民間事業者に移譲する仕組み（コンセッション方式）が導入された。

④ 指定管理者制度では行政機関から一定の業務を分離し、その分離した業務を担当する機関に法人格を与えて、業務を遂行する制度である。

問8　自治体において実施されている個人情報保護制度に直接的な関連があるものとして妥当でない
　　　ものを、①〜④の中から1つ選びなさい。
① 個人の権利利益の保護
② 行政の適正かつ公正な運営
③ 自己情報のコントロール
④ 行政活動の公平性

問9　次のア〜ウのうち、法の趣旨目的の探究材料とはならないものの数として妥当なものを、①〜
　　　④の中から1つ選びなさい。

ア．当該法に基づく計画又は当該法に基づく施策の上位計画
イ．当該法の逐条解説
ウ．法令制定当時の国会・議会の質疑応答などの議事録

---

① 0
② 1
③ 2
④ 3

問10　新型インフルエンザ等対策特別措置法45条における「公表」の法的性質に関する次の記述のう
　　　ち、妥当でないものを1つ選びなさい。
① 特定都道府県知事が施設管理者等に対して行う「要請」（45条2項）は、行政指導の一種であ
　　るから、もしこの要請に従わないことをもって公表するとすれば、この公表は、一般に制裁的公
　　表に当たる。
② 特定都道府県知事が、施設管理者等が正当な理由がないのに「要請」（45条2項）に応じない
　　ときに行う「指示」（45条3項）は、行政処分の一種であるから、もしこの指示に従わないこと
　　をもって公表するとすれば、この公表は、一般に制裁的公表に当たる。
③ 特定都道府県知事は、①の「要請」又は②の「指示」をしたときは、遅滞なく、その旨を公表
　　しなければならない（45条4項）、とされていることから、この公表は、情報提供としての公表
　　であって制裁的公表ではない。
④ 同法45条4項に基づく公表は、制裁的公表であり、不利益処分の一種であるから、公表に先立っ
　　て、弁明の機会を付与すべきことが求められ、事実、同法の運用においても、こうした措置が採
　　られている。

問11　自治体に適用される法令とその解釈に関する次の記述のうち、妥当なものを1つ選びなさい。
① 法律に関する解釈はその法律を所管する省庁の解釈に左右され、その解釈が自治体を拘束する。
② 法律の自主解釈・運用を認めたとされる地方自治法2条12項といえど、その法律の所管省庁の

解釈とは異なる解釈までを自治体に認めたわけではない。

③　地方自治法1条の2、2条11項から13項までは、憲法92条で保障される地方自治の本旨を具体化したものである。

④　法律から授権された政省令は、全国一律に適用される詳細な基準や手続が認められるのに対し、条例は地域固有の事情を踏まえて制定されるという一般的な理解をもとに両者の関係を解釈すれば十分である。

問12　A市では、住宅地周辺での墓地、ラブホテル、産業廃棄物処理施設などのいわゆる嫌悪施設の立地において近隣トラブルが多発していることに鑑み、周辺住民との紛争を防止し、良好な相隣関係を確保するため、一定の土地利用を許可制とし、住民調整を図る条例を制定することを検討している。A市へ条例化のアドバイスをする次の記述のうち、最も妥当なものを1つ選びなさい。

①　財産権が保障され、都市計画法などの規制も働いているので、近隣住民との調整であったとしても許可制を独自に条例で担保することはできないから、要綱等を制定するのが妥当ではないか。

②　個々の近隣住民から同意書を得ることを事業者に義務付けるのは、財産権を侵害する恐れがあり困難なので、立地予定地の地元自治会長の同意書を許可要件としてはどうか。

③　事業者に対し説明会など住民への説明を義務付けることは可能である。ただし、条例で対応できるのは住民調整を促すことであり、住民の意見への事業者の対応の状況まで許可の許否の判断要素（許可基準）とすることは困難ではないか。

④　事業者に対し近隣住民への説明を義務付けた上で、住民同意ではなく一定数以上の住民が不同意を表明した場合は、その事情も斟酌して施設の立地を不許可とするという制度設計が考えられるのではないか。

問13　誘導的手法に関する次の記述のうち、妥当なものを1つ選びなさい。

①　誘導的手法は、住民・事業者等に対し助成やインセンティブを与えるものであり、強制力を伴わないところにその特徴がある。

②　助成やインセンティブを用いた誘導的手法は、効果の見通しが必ずしも明確に立たないため、費用対効果の検討をする必要はない。

③　情報の公表は、あくまで中立的な情報提供であるため、内容の正確性・信頼性が求められるものの、その社会的な影響を検討する必要はない。

④　行政指導は、行政機関の所掌事務の範囲を超えて実施することができるが、協力を得られない相手方に不利益な取扱いをすることはできない。

問14　個人情報保護制度及び情報公開制度に関する次の記述のうち、妥当なものを1つ選びなさい。

①　個人情報保護条例では、正当な理由なく個人情報を提供した場合等について罰則が規定されているが、情報公開制度において罰則を設けている自治体はない。

②　「行政機関の保有する情報の公開に関する法律」では、他の情報と照合することにより特定の

個人を識別することができることとなる情報を不開示情報として規定している。しかし、「行政機関の保有する個人情報の保護に関する法律」は自己を本人とする保有個人情報の開示を請求するものであるため、開示請求者以外の個人に関する情報については他の情報と照合することにより、開示請求者以外の特定の個人を識別することができる情報であっても開示しなければならない。

③　地方道路公社は自治体から独立した法人であるが、地方独立行政法人と同様に実質的に自治体の一部を構成するということができるため、自治体の情報公開条例で地方道路公社を実施機関として規定しているものがある。

④　個人情報保護条例において「委託等についての措置等」の規定が設けられているのが一般的であるが、指定管理者の指定は委託契約とは異なり指定管理者が行政庁に位置付けられる制度であるため、指定管理者は委託等についての措置等の範囲外と解されている。

問15　苦情対応・オンブズマンに関する次の記述のうち、妥当でないものを１つ選びなさい。

①　受け付けられた苦情を、行政内部で調査・検討し、必要な措置を講じることを、苦情対応（苦情処理）という。

②　苦情対応の観点からは、法的根拠を持たない不平不満や相談であっても無視してはならず、原課や広聴担当課等が適切に対応することが重要である。

③　自治体の中には、オンブズマン制度を条例に基づき制度化しているところがある。

④　オンブズマンの判断には行政機関を法的に拘束する効果があるため、行政争訟制度を代替するものと位置付けられている。

問16　パブリックコメントに関する次の記述のうち、妥当なものを１つ選びなさい。

①　パブリックコメントにおいて、行政機関の作成した政策案に対して何らの意見も提出されないことは珍しくないが、これは政策案が肯定されたものと評価できる。

②　パブリックコメント制度により提出された市民意見の過半数が反対意見であった場合には、部分的にでも反対意見を反映した修正案を策定することが求められる。

③　パブリックコメント制度は、国の法律では採用されておらず、国の各省庁は自主的取組みとしてこれを運用している。

④　自治体のパブリックコメント制度では、自治体の基本方針や計画の策定に限らず、条例案をも対象にしているものが多くみられる。

問17　条例における罰則規定の新設や改正に関する次の記述のうち、妥当でないものを１つ選びなさい。

①　条例に罰則規定を設ける場合、検察庁との協議が行われることがあるが、法令上義務付けられているわけではない。

②　罰則の新設や改正に当たっては、義務違反による法益侵害の程度と罰則の程度との比較検討が

必要である。

③　条例上の義務違反については、直ちに罰則を科すことはできず、当該義務違反に関する命令に違反した場合に限り罰則を設けることができる。

④　条例といえども、自治体内部の地域間で罰則の内容に差異を設けることは、違法となる可能性がある。

問18　政策決定の主体に関し、政策は一部のエリートだけでなく、様々な社会集団が参加し、様々な影響を与えながら形成されることに着目する理論・モデルとして妥当なものを、①〜④の中から１つ選びなさい。

①　権力エリートモデル

②　多元主義モデル（プルーラリズム・モデル）

③　政策コミュニティ論

④　第一線職員論（ストリートレベルの官僚制論）

問19　金銭上の義務の履行確保に関する次の記述のうち、妥当なものを１つ選びなさい。

①　金銭上の義務のうち滞納処分により履行確保を図るべきものについては、義務者が生活困窮にあるなど法定の事由に該当する場合、徴収の猶予等をすることができるが、民事裁判手続により履行確保を図るべきものについては、類似の仕組みはない。

②　自治体が支払督促を行ったことに対して義務者が異議を申し立てた場合は、自治体から訴えの提起をする場合とは異なるため、議会の議決を得ることは必要ない。

③　法令の定めにより滞納処分を行うことができることとされた私人の金銭上の義務について、滞納処分と民事裁判手続のいずれの手段によって履行の確保を図るかは、自治体の裁量による。

④　議会が権利放棄の議決をしたとしても、著しく不合理な議決に基づく放棄は無効となることがある。

問20　平成の市町村合併の取組みに関する記述のうち、妥当なものを１つ選びなさい。

①　平成の市町村合併は、明治の大合併以来の、国を挙げての合併推進政策である。

②　平成の市町村合併は地方分権改革の前提となるため、第１次地方分権改革に先行して実施された。

③　平成の市町村合併前の1999年３月に3,200を超えていた市町村数は、改正合併特例法の特例措置の適用期限の2006年３月では、約44％減少の1,800余までになった。

④　2005年４月に施行された「市町村の合併の特例等に関する法律」では、さらに多くの財政支援措置が定められた結果、合併の動きが加速した。

問21　Y県に本社を置く会社Xが、同県から、指名競争入札に係る指名停止措置を受けた。Xがこの措置に不服がある場合に関する次の記述のうち、妥当なものを1つ選びなさい。

① Xは、この措置を受けたことを知った日の翌日から起算して3か月以内に、Y県知事に対して当該措置の取消しの審査請求をすることができる。

② Xは、その指名停止期間中になされた工事請負契約が違法な指名停止によってなされた違法なものであると主張して、所定の期間に、Y県監査委員に対して住民監査請求を提起することができる。

③ Xは、この措置を受けたことを知った日の翌日から起算して6か月以内に、Y県にある地方裁判所に、当該措置の取消訴訟を提起することができる。

④ Xは、指名停止に係るY県の契約が、政府調達苦情処理手続の対象となるものであるときは、本件指名停止措置について、内閣府に設置されている政府調達苦情検討委員会に、苦情を申し立てることができる。

問22　公共政策に関するア～エの見解に適合する理論・モデルを選択した場合に、いずれにも適合しない理論・モデルを、①～④の中から1つ選びなさい。

ア　人は、家族、地域、国家などの共同体の中で生きる存在だから、それらの共通善を重視する必要がある。

イ　個人の自由は最大限に保障すべきだから、国家が税を徴収して国民間で再配分を行うことは本来許されないことである。

ウ　個人の自由・権利を保障するため公権力の濫用を抑制する必要があるが、政府はその結果として生じる不平等の是正に取り組む必要がある。

エ　政策決定は、政策目標を最も効率的に達成する手段を追求するものである。

① インクリメンタリズム

② リバタリアニズム

③ リベラリズム

④ コミュニタリアニズム

問23　官僚制に関する次の記述のうち、妥当なものを1つ選びなさい。

① 民間企業の組織は、基本的には官僚制を基礎としているとはいえない。

② 官僚制によって成り立っているのは国の行政組織であり、自治体の組織ではない。

③ M. ウェーバーは、古代エジプトの官僚制をモデルに最も合理的な組織形態として官僚制を捉えた。

④ 自治体法務の役割の一つに、官僚制の「逆機能」を克服するための法的仕組みを考えることがある。

問24 機関訴訟に関する次の記述のうち、妥当でないものを1つ選びなさい。

① 機関訴訟は、国又は自治体の機関相互間における権限の存否又はその行使に関する訴訟である。

② 機関訴訟の代表例として、国の関与等に関する訴訟が挙げられる。

③ 最高裁判所の判例によれば、国又は自治体が行政権の主体として訴訟を提起することは「法律上の争訟」（裁判所法3条1項）に該当せず、新たな立法によりこれを可能とする仕組みを創設することもできないとされている。

④ 近時、国地方係争処理制度が活用される例が見られるようになっている。

問25 地方分権改革の実施に関する次の記述のうち、妥当でないものを1つ選びなさい。

① 地方分権改革は、調査・審議を担任する委員会等から幾度もの勧告・意見が出され、それを内閣が推進計画の形で閣議決定し、法改正に結びつけるというスタイルで取り組まれてきた。

② 第1次地方分権改革は、1993年の国会決議から地方分権推進法の施行を経て2000年の地方分権一括法の施行（又は2001年の最終報告）までで、その最大のねらいは、国と自治体の関係をこれまでの主従関係から対等協力の関係へと変容させていくことにあった。

③ 三位一体の改革では、国－都道府県－市町村の三者間の法治主義化を徹底するために、関与の法定化がなされた。

④ 第2次地方分権改革では、個別法令による自治体に対する事務の義務付けや、事務事業の執行方法・執行体制の枠付けの撤廃・緩和等の見直しがなされた。

問26 法の解釈運用に関する次の記述のうち、妥当でないものを1つ選びなさい。

① 法の解釈運用は、対象の事実を正しく認定し、その事実が法規定の「要件」規定を充足するものであるのかという「当てはめ」を行うことであるが、その際には、適用される法を正しく把握するために、「法の検認」の作業を行うことも重要である。

② 法の解釈は、裁判所が最終的な判断を行うこととなるため、自治体による法の解釈運用に関する責任は重要ではない。

③ 法の解釈運用のうち、特に不利益処分を行おうとする場合には、自治体の事実認定に正確を期すため、名宛人に防御権を行使する場・機会として聴聞や弁明の機会の付与が設けられている。

④ 公文書管理法は自治体には直接に適用されないが、自治体が事実認定のために収集した情報は、文書により内容を正確に記録して、適切に管理しなければならない。

問27 法治主義に関する次の記述のうち、妥当なものを1つ選びなさい。

① 法律による行政の原理とは、行政は法律に基づき、法律に従って行われなければならないことをいい、ここでの法律には条例は含まれない。

② 法律の優位の原則とは、一般に、個人の自由や財産を侵害する行政活動については、法律によって一定の要件の下に一定の行為をするように授権されていなければ行い得ないことをいい、ここでの法律には条例も含まれる。

③　法律の留保の原則とは、いかなる行政活動も、法律の定めに違反してはならないということをいい、ここでの法律には条例も含まれる。

④　自治体の仕事の根拠は直接・間接に法律に置かれており、法律は憲法に適合するなど内容的にも合理性が必要である。ここでの法律には条例も含まれる。

問28　条例の類型に関する次の記述のうち、妥当なものを１つ選びなさい。

①　自主条例のうち並行条例は、法律とは独立して、独自の要件と効果を条例で定めるため、法律との抵触関係は生じず、もっぱら合憲性が問われる。

②　任意委任型の委任条例は、条例を制定して初めて法律全体が適用できる「包括委任型」と条例で定めた部分だけ条例規定が法律に溶け込む「個別委任型」がある。包括委任型条例としては水質汚濁法３条３項に基づく排水基準条例などが、個別委任型条例としては屋外広告物法３条に基づく屋外広告物条例などがある。

③　法執行（法律リンク）条例について、分権改革後においても、書き換え条例は違法と判断される可能性が高くほとんど事例は見られないが、具体化条例は少なからず事例がある。

④　自治体が重要と考える事項であっても、条例で定めることが必要ではない事項については条例で定めるべきではない。

問29　条例の施行に関する次の記述のうち、妥当なものを１つ選びなさい。

①　条例に施行期日に関する定めが置かれていない場合、原則として、その公布の日から起算して10日を経過した日から施行される。

②　条例は、そのすべてが同一の施行期日に施行されなければならず、規定によって施行期日に差異を設けることは許されない。

③　条例の施行期日に関する定めは、当該条例中に設けなければならず、他の法令に委任することは許されない。

④　条例に設けられる規定は、その内容にかかわらず、当該条例の施行期日以後に発生した事象に限り適用される。

問30　情報公開制度に関する次の記述のうち、妥当なものを１つ選びなさい。

①　個人情報保護制度において個人情報に関して訂正請求が認められているが、情報公開制度においても住民自治の観点から公文書に誤りがあると考えた場合には実施機関に対して訂正請求を行うことができる。

②　「行政機関の保有する情報の公開に関する法律」は、法人等に関する情報であって公にすることにより当該法人等又は当該個人の権利、競争上の地位その他正当な利益を害するおそれがあるものを不開示情報として規定している。ただし、この場合であっても、実施機関の判断で開示することが可能な場合がある。

③　「行政機関の保有する情報の公開に関する法律」と各地方公共団体の情報公開条例は一般法と

特別法の関係にあり、各地方公共団体において特別法である情報公開条例に規定されていない手続等は一般法である「行政機関の保有する情報の公開に関する法律」の規定が適用される。

④　自治体の職員が在宅勤務中にオンラインで実施した職場の会議の録画データは、自宅で行った会議であるため情報公開請求の対象とならない。

問31　自治基本条例の最高規範性に関する次の記述のうち、妥当なものを1つ選びなさい。

①　自治基本条例を制定した自治体において、自治基本条例を最高規範として位置付けることはない。

②　国の法令の解釈・運用に当たって、自治基本条例の趣旨が生かされるべきことを定める自治基本条例はない。

③　自治基本条例で規定する条文の内容から、最高法規性を導き出すことはできない。

④　自治基本条例の制定に際して、通常の議決に加え、制定手続等の法的な観点から、自治基本条例の最高規範性を位置付ける例もある。

問32　公文書開示と情報提供の違いに関する次の記述のうち、妥当でないもの1つを選びなさい。

①　公文書開示は情報公開条例に基づき実施されるが、情報提供は自治体の裁量で行う制度であるため情報提供に関して条例で規定している自治体はない。

②　公文書開示に関して不服がある場合には審査請求等の救済手段が法定されているが、情報提供に関して不服がある者に対しては、現行法上、特別な救済制度はない。

③　情報提供は自治体が行う行政サービスであるため、情報を提供する相手方の範囲としては住民に限られるものではない。

④　公文書開示に関しては提供方法について条例で規定されているのが一般的だが、情報提供に関しては特別な制限はない。

問33　市民参加の方法に関する次の記述のうち、妥当なものを1つ選びなさい。

①　市民参加の主体としての「市民」は、「主権者市民」「対象市民」「公募市民」という3つの顔をもっている。

②　パブリックコメント制度とは、行政機関が一定の政策を策定しようとするときに、政策の趣旨、目的、内容等を広く市民に公表して意見を募り、提出された意見とそれに対する行政機関の考え方を公表する手続である。

③　行政機関の審議会に専門家と共に市民が委員として加わることもあるが、最終的に行政側が委員を選定しているため、市民参加の意義は認められない。

④　住民投票の結果には法的拘束力があり、長や議会がそれと異なった意思決定をすることは許されない。

問34　法の解釈の際の態度として、最も適切な考え方として妥当なものを1つ選びなさい。

① 第1次地方分権改革により機関委任事務が廃止されたことから、法律施行時の主務大臣等名で発せられる、いわゆる法施行通知については、当該法律や該当条文の趣旨目的の探求に際しても一切検討しない。

② 類推解釈が禁止されているのは刑法の解釈であるから、行政上の秩序罰に関する規定については類推解釈を行うようにする。

③ 法解釈の結論は行政機関によって実行されるものであるから、複数の解釈が成立する場合には、行政実務における能率性や効率性の基準を最も重視する。

④ 複数の法解釈があり得る場合において、憲法上の価値実現を重視して、望ましい解釈を導くようにする。

問35　行政組織に関する次の記述のうち、妥当なものを1つ選びなさい。

① 軍隊型組織の例としては、シンクタンクやプロジェクトチームが挙げられる。

② 軍隊型組織では、上司と部下の垂直的な関係が重要とされ、部下の自由や裁量はできるだけ制限することが望ましいと考えられる。

③ ネットワーク型組織では、ヒエラルキー構造が強化され、上司に権限が集中する一方で、構成員の創造性や裁量が尊重される。

④ 自治体の行政組織は、長又はその委任を受けた管理職に決定権が集中していることから軍隊型組織に近いといえる。

問36　法執行の評価・見直しに関する次の記述のうち、妥当なものを1つ選びなさい。

① 自治体に関する国の法令の規定については、全国画一的な形で法執行が行われているかどうかを検証することが重要である。

② 法執行の評価を行う時期・タイミングは、担当課が具体的な法執行を実施した後の事後的な検証のみである。

③ 評価対象となる法執行は、要綱の策定や法律の審査基準・処分基準の設定などの「執行管理」と、許認可の発出や事業者との契約などの「執行活動」の2つに区別できる。

④ 法執行の評価は、客観的な視点が不可欠であるため、総務系部課、監査委員、議会、あるいは住民などによって行われ、法施行を実施する原課は評価主体となりえない。

問37　議会の制度に関する次の記述のうち、妥当なものの組合せを、①〜④の中から１つ選びなさい。

> ア　議決事件の追加については、かつては法定受託事務であって国の安全に関するもの等は対象から除外されていたが、地方自治法改正により法定受託事務も追加することが可能となった。
>
> イ　議決事件の追加については、事務の性格等から当然に長その他の執行機関に専ら属すると解される事項は、自治事務・法定受託事務を問わず、対象にできないと解されている。
>
> ウ　地方自治法では、議会は会議規則を設けなければならないとされているが、この会議規則は、条例と同等の議員が遵守すべきルールであり、執行機関が定める「規則」とは同レベルの法令ではないというのが、おおむねの解釈である。
>
> エ　地方自治法では、議会の運営に関する事項を包括的に会議規則に委任しているが、これは議会の自己決定に委ねるという趣旨であり、これらを条例で定めることもできるというのが、一般的な解釈である。

①　ア、イ
②　ア、ウ
③　イ、ウ
④　イ、エ

問38　地方自治法236条１項前段は、「金銭の給付を目的とする普通地方公共団体の権利は、時効に関し他の法律に定めがあるものを除くほか、これを行使することができる時から５年間行使しないときは、時効によつて消滅する。」と規定する。この条文の解釈として、妥当なものを１つ選びなさい。

①　文理解釈によれば、国の普通財産の売払いは、国有財産法及び会計法の各規定に準拠して行われ、地方自治法の規定も同様の条文構造を採っていることから、普通地方公共団体の普通財産の売払代金の請求権は、５年の消滅時効にかかることになる。

②　文理解釈によれば、「他の法律」を厳格に解釈することが求められ、たとえば民法のような一般法をこれに含めることは、「他の法律」の範囲を限りなく拡張することにつながるため許されない。

③　文理解釈によらず、論理解釈を行うことは、法解釈の不安定化を招来する。したがって、こうした解釈を行うのは、最高裁判所だけに認められた権能であって、他の下級審裁判所では行うことができない。

④　文理解釈では、「他の法律」の範囲を明確に定めることが困難なため、論理解釈によって、条文の適用範囲を導くことが求められる。このような解釈をするに当たっては、結論の社会的妥当性が重要である。

問39　条例評価の手法に関する次の記述のうち、妥当でないものを１つ選びなさい。

①　計画的評価とは、条例を制定する段階で、条例の見直しを前提として、条例中に当該条例において実施する評価の時期・方法等を定め、これに沿って評価を実施するものである。

② 制定後一定期間後の見直しを実施するための仕組みとして、特定の条例について何年までに見直しをする旨の規定を設けることが考えられる。

③ 一定期間ごとの定期見直しとは、何年以内ごとの見直しを恒常的・定期的に行うための仕組みである。

④ サンセット条項とは、所定の期日までに特段の措置が講じられない場合に条例自体が自動失効するという規定である。

問40　国の関与の基本類型に関する次の記述のうち、妥当なものを1つ選びなさい。

① 是正の要求は、都道府県が各大臣の指示を受けた上で市町村の自治事務と第2号法定受託事務の処理に対して行使するが、各大臣自らが直接的に市町村に対して是正の要求を行使することはできない。

② 是正の指示は、緊急を要するときなどでは例外的に、市町村の処理する第1号法定受託事務について、各大臣自らが直接的に市町村に対して行使することができる。

③ 是正の要求には、必要措置を講じる法的な義務は生じない。

④ 是正の指示には、必要措置を講じる法的な義務は生じるが、いかなる措置の内容を講じるかは自治体が判断する。

問41　行政リーガルドック事業を行っている自治体の事例に関する次の記述のうち、妥当でないものを1つ選びなさい。

① 行政リーガルドック事業については静岡市の事例が有名であるが、静岡市に限らず、流山市など他の自治体にも広まっている。

② 静岡市で用いられていたリーガルチェックシートでは、「申請に対する処分に関する事務」、「不利益処分に関する事務」等の事務の類型ごとに、法的留意事項及び検討事項が列挙されていた。

③ 静岡市で実施されたリーガルドック審査では、第三者性を重視し、職員の助けを受けずに外部の政策法務アドバイザーのみによる審査が実施された。

④ 行政リーガルドック事業は、法務担当課・顧問弁護士への法律相談を補うシステムと位置付けられる。

問42　市民協働の方法に関する次の記述のうち、妥当でないものを1つ選びなさい。

① 一般廃棄物の収集に際して、市民が自ら廃棄物を分別し、収集場所の指定や取扱いについて話し合うことは、市民間協働の一例である。

② 市民と行政機関の協働事業では、市民が行政機関に対する従属者の地位に甘んじることにならないよう、事業の採択に中立の第三者を介在させることが望ましい。

③ 町村のような小規模自治体では、行政機関と住民の距離が近いので、そもそもパブリックコメントを導入する意味は小さい。

④ 市民と行政機関が対等であるといいながら実は行政機関優位の構造になっている擬似市民協働

を防ぐために、市民が主導してパートナーシップのチェックを行うことが求められる。

問43　自治体の公法上の義務違反の是正措置手段選択の考慮要素に関する次の記述のうち、妥当なものを1つ選びなさい。

①　複数の手段のいずれを選択するかの判断に際して、自治体の職員が要する労力や自治体に発生する経費の多寡を基準にする余地はない。

②　事業者の法令違反行為があったとき、是正命令を行う必要性について自治体が判断するに際して、直接の相手方である事業者に負わせることとなる不利益のみではなく、法令違反行為が継続した場合に周辺住民に生じる不利益の重大性などを考慮に入れる必要がある。

③　強制的な手段は使わないほどよいといえるため、相手方が行政指導に従うことが全く期待できない状況であったとしても、行政指導を繰り返し行うことが重要である。

④　行政罰は、違反行為を抑制する威嚇的効果の点で最も優れた手段といえるから、最初に選択されることが原則である。

問44　個人情報の保護に関する次の記述のうち、妥当なものを1つ選びなさい。

①　「個人情報の保護に関する法律」（個人情報保護法）に規定する要配慮個人情報とは、人種、信条など本人に対する不当な差別その他の不利益が生じないようにその取扱いに特に配慮を要する情報として政令で定める記述等が含まれる個人情報をいい、当該記述等には、例えば、入れ墨をしていることに関する記述が含まれる。

②　「行政手続における特定の個人を識別するための番号の利用等に関する法律」（番号法）に基づく特定個人情報については、同法の規定に基づいて、個人情報保護条例の規定内容に関わらず、原則としてこれを第三者に提供することができる。

③　自治体の公立病院は、「医療分野の研究開発に資するための匿名加工医療情報に関する法律」（次世代医療基盤法）に基づき、認定匿名加工医療情報作成事業者に匿名加工医療情報を提供した場合においても、当該情報に係る本人や遺族から当該本人が識別される医療情報の提供停止の求めを受けたときは、当該医療情報の提供を停止することができる。

④　個人情報保護法に基づく個人情報保護委員会は、個人情報保護条例に基づく事務処理が同法に抵触すると認めるときは、当該事務処理の是正その他必要な措置を、当該条例を制定した自治体に求めることができる。

問45　条例で定めなければならない事項に関する次の記述のうち、妥当でないものを1つ選びなさい。

①　住民に一定の行為を義務付けるためには、法令に特別の定めがない限り、条例の根拠が必要である。

②　住民に一定の手続を義務付けるためには、法令に特別の定めがない限り、条例の根拠が必要である。

③　住民に補助金を交付するためには、法令に特別の定めがない限り、条例の根拠が必要である。

④ 住民に罰則を科すためには、法令に特別の定めがない限り、条例の根拠が必要である。

問46 委任条例に関する次の記述のうち、妥当でないものを1つ選びなさい。
① 委任条例は法律によって委任された事項を具体的に条例で定めるものであるが、必ず条例で定めなければならない必置事項を法律自身が規定している場合もある。
② 地方分権一括法の施行により義務付け・枠付けの見直しが行われた法律について、自治体は、地域の実情を考慮し、必要であれば、独自の基準を設ける条例を制定することができる。
③ 条例で定めるか否かが自治体の判断に委ねられる任意的事項について、法令に基づく基準がそのまま適用されることはない。
④ 公の施設の設置については、自治体行政の一般法たる地方自治法が、条例で定めるべきことを規定している。

問47 行政救済制度に関する次の記述のうち、妥当でないものを1つ選びなさい。
① 行政救済法とは、行政の活動によって私人の権利利益が侵害された場合や侵害されようとしている場合に、その私人を救済することを主たる目的とする法制度の総称である。
② 行政救済制度は、国民と行政の間に一定の法的紛争が生じてしまうという非日常的・病理的な現象に対応するためにやむなく設けられたものである。
③ 行政救済制度の具体的な仕組みは行政上の不服申立てと行政訴訟に限られるものではなく、民事訴訟、苦情対応、自治体オンブズマン制度、パブリックコメント等も視野に入れる必要がある。
④ 行政救済法の様々な仕組みの中でも、行政訴訟は、裁判手続を通じた中立性・公平性の確保、適正手続の保障、違法な行政作用を強制的に是正できる点などに鑑みて、最も重要な制度である。

問48 自治基本条例の類型に関する次の記述のうち、妥当なものを1つ選びなさい。
① 自治基本条例は、自治体の各主体に着目して「行政基本条例」、「住民参画条例」により構成されるものと整理できる。
② 自治体を支える主体は、「行政」を実施する議会、自治体の構成員たる「住民」からなる。
③ 「行政基本条例」、「住民参画基本条例」、「議会基本条例」を統合するのが「自治基本条例」である。
④ 「行政基本条例」と「議会基本条例」を取り込んだ形で「自治基本条例」が制定され、「住民参画基本条例」は別立てで制定されるのが一般的である。

問49 民間資金を活用して民間に施設整備とサービスの提供を委ねることを示す制度として妥当なものを、①～④の中から1つ選びなさい。
① 民間委託
② 民営化

③　ＰＦＩ

④　市場化テスト

問50　規則に関する次の記述のうち、妥当なものを１つ選びなさい。

①　長による規則制定・改廃に際しては、原則として議会の議決を要しないが、過料を科す規定については、議会の議決を要する。

②　行政委員会による規則制定・改廃に際しては、民主主義的統制の観点から、議会の議決を要する。

③　条例施行規則においては、条例違反に対する５万円以下の過料を科すことができる。

④　長の専権事項（組織・人事・財務等）については、長の規則制定権を定める地方自治法15条に基づいて規則を制定することができる。

問51　違法状態の是正と事実認定に関する次の記述のうち、妥当なものを１つ選びなさい。

①　権利を実際に行使するかどうかは権利者の自由であるから、自治体が有する権利の相手方である私人が義務を果たさないからといって、自治体は、その義務が果たされた状態を創出することに向けて努力をする必要はない。

②　公法上の義務違反について住民から通報があったとき、事実関係の調査を自治体の機関自らが行うと、調査の方法や事実認定が恣意的であるとの批判を受ける可能性があるため、これを回避するための方法として、第三者である通報者に引き続き調査を任せることが有効である。

③　法令違反の事実を示す資料として、画像や動画が第三者から提供された場合は、それらが偽物でないかを調べたうえで、判断材料とすべきである。

④　法令上の義務違反に関する事実の調査の方法として、関係者に質問に答えてもらったり、書類を提出してもらったり、その土地や施設の内部に入って調べたりすることは、相手方が任意に協力を申し出ている場合であっても、強制的な調査権限を自治体に与える規定が法令に定められていない限り、許されない。

問52　規制条例における規制的手法に関する次の記述のうち、妥当でないものを１つ選びなさい。

①　届出制とは、行政庁への一定事項の通知を法令上義務付けたうえで、当該行政庁が当該通知内容の諾否を回答する制度である。

②　届出制を採用した条例においては、届出をしていない者に対して罰則を科すとすることで、その実効性を確保することができる。

③　医師免許の制度（医師法２条以下）と自動車の運転免許（道路交通法84条以下）の制度は、ともに許可制に当たる。

④　許可制を採用した条例においては、許可を受けずに許可を要する行為を行った者に対して罰則を科すとすることで、その実効性を確保することができる。

問53　個別事案の法解釈における国の関与に関する次の記述のうち、妥当なものを１つ選びなさい。

①　自治体による自治事務の処理が法令の規定に違反しているときは、国の各大臣は自治体に対し地方自治法上の是正の要求をすることがあり、これには法的拘束力がない。

②　自治体による自治事務の処理が法令の規定に違反しているときは、国の各大臣は自治体に対し地方自治法上の是正の指示をすることがあり、これには法的拘束力がある。

③　地方自治法上の技術的助言が個別の事案に関し行われた場合であっても、自治体はその内容に法的に拘束されない。

④　自治体の担当職員は、実務上、国の府省庁の担当部署に対し所管法令の解釈について照会を行うことがあるが、これに対する回答は全て地方自治法上の技術的助言に該当する。

問54　受動的評価法務の評価主体に関する次の記述のうち、妥当でないものを１つ選びなさい。

①　受動的評価の手法には、原課による自己評価、法務担当課による組織内評価、第三者的評価がある。

②　自己評価とは、争訟を提起された事案を所管する原課自身が主体的に評価・見直しを行うものである。

③　組織内評価では、争訟経験の豊富な法務担当課が原課に代わって、事実調査や主張・立証を行うことで、円滑に争訟が解決される。

④　第三者的評価では、争訟法務の透明性、公平性、説明責任が重視される。

問55　国の関与に関する次の記述のうち、妥当なものを１つ選びなさい。

①　国が関与を行う場合には、必ず個別法令に根拠規定がなければならない。

②　関与に関して、目的を達成するために必要な最小限のものとするとともに、自治体の自主性及び自立性に配慮しなければならないという比例原則が明確にされた。

③　行使できる関与の類型は、自治事務と法定受託事務で異なることはない。

④　関与の基本類型には、処分その他公権力の行使に当たらない関与は含まれない。

問56　第２次地方分権改革における義務付け・枠付けの見直しに関する次の記述のうち、妥当でないものを１つ選びなさい。

①　第２次地方分権改革は、義務付け・枠付けの見直しを中心に進展した。

②　見直しの優先順位としては、「基準自体の廃止」→「基準の全部の条例委任・条例補正（上書き）」→「一部の条例委任・条例補正」という考え方が示された。

③　施設・公物設置管理基準の条例委任に関する国の基準の考え方として、「従うべき基準」、「標準」、「参酌すべき基準」の３基準が提示された。

④　法律上の通則規定で条例による国の法令の「上書き」権を保障した。

問57　公共政策に関する次の記述のうち、妥当でないものを1つ選びなさい。

①　公共政策は、「公共的な課題」、すなわち社会の構成員の共通利益にかかわる問題であって、これを社会全体で解決する必要があると認識された課題を解決するためにつくられるものである。

②　公共政策は、課題解決のための「活動の方針」であり、この活動は、主として国や自治体などの公的機関が行うものに限られ、外郭団体や市民団体の活動は含まれない。

③　目的が明示されていないものは、公共政策とはいえない。

④　具体的な手段を示していないスローガン的なものは、公共政策とはいえない。

問58　日本国憲法と自治体法務に関する次の記述のうち、妥当でないものを1つ選びなさい。

①　憲法は最高法規であって（98条）、国家公務員はそれを尊重する義務を負い（99条）、地方公務員である自治体職員にもその義務がある。

②　分権時代の自治体職員には、憲法を尊重する義務はあるが、憲法の理念や考え方を理解した上で個別法を運用することまでは求められていない。

③　憲法は、国家権力から国民を擁護するとともに、適切な人権の保障を行うため、国家に一定の権限を付与しているが、国家権力には自治体も含まれる。

④　自治体職員は、法令執行、条例制定・執行に当たっては、憲法価値の実現を念頭に置く必要がある。

問59　都道府県、市町村及び特別区について定めた地方自治法の規定に関する次の記述のうち、妥当でないものを1つ選びなさい。

①　普通地方公共団体は、都道府県、市町村及び特別区である旨が定められている。

②　都道府県は、市町村を包括する広域の地方公共団体である旨が定められている。

③　市町村の区域内に住所を有する者は、当該市町村を包括する都道府県の住民とする旨が定められている。

④　市町村は、基礎的な地方公共団体である旨が定められている。

問60　規制政策の執行に関する次の記述のうち、妥当でないものを1つ選びなさい。

①　規制の存在を知らなかった「善意の違反者」に対しては、一般に、規制の存在や内容を知らせる「周知戦略」や、物理的な装置等によって違反を防止する「制止戦略」が有効である。

②　規制を遵守するか否かを損得勘定によって判断する利己的な「悪意の違反者」には、一般に、違反行為を厳正に処罰する「制裁戦略」と、物理的な装置等によって違反を防止する「制止戦略」が有効である。

③　当該規制の違法性等を確信してあえて違反を行う「異議申立者」には、一般に、事案の実情に応じて柔軟な処理を行う「適応戦略」が有効であり、物理的な装置等によって違反を防止する「制止戦略」は逆効果の可能性がある。

④　行政機関への反発からどんな対応にも抵抗する「反抗者」には、一般に、規制の存在や内容を

知らせる「周知戦略」と、物理的な装置等によって違反を防止する「制止戦略」が有効である。

問61　行政裁量に関する次の記述のうち、妥当でないものを１つ選びなさい。

① 　法令が行政の裁量を認めている場合、それは個々の事案において法の目的達成にとって最適・最良の判断・選択を行うためであるから、自治体は、裁量権を最適に行使する義務を負っていると考えるべきである。

② 　行政指導は相手方に対して何らの義務を課すものではないが、同一の行政目的を達成するために、一定条件で複数の人に対して行う行政指導に関しては、行政指導指針を定める必要がある。

③ 　裁判所は、当不当についての判断を行うことはできないため、自治体にとって、裁量判断の過程の合理性を裏付ける資料などを記録しておく必要性は乏しい。

④ 　行政に裁量が認められる場合でも、裁量基準を設定する場合には、趣旨適合原則や適正確保原則に沿った内容としなければならないと考えられる。

問62　政策過程の段階における「政策の窓」モデルに関する次の記述のうち、妥当なものを１つ選びなさい。

① 　この理論は、政策過程をいくつかの段階に区分して説明しようとするモデルであり、その中でも標準的なのは、課題設定、立案、決定、執行、評価という５段階モデルである。

② 　この理論は、政策課題の設定に注目するものであり、既存の政策から利益を得ている者は、問題があっても隠ぺいし、政策課題に乗らないように働きかけること（非決定権力）といった現実に焦点を当てるものである。

③ 　この理論は、政策決定のプロセスには、問題の認識、政策案の形成、政治の３つの流れがあり、これらがある時期に合流すると、政策が決定にいたるというものである。

④ 　この理論は、政策決定に当たって、他の主体が採用した政策を参照して政策をつくる結果、内容の類似した政策が次第に広がっていくという考え方である。

問63　徳島市公安条例事件最高裁判決（昭50年９月10日）に関する次の記述のうち、妥当なものを１つ選びなさい。

① 　神奈川県臨時特例企業税条例事件において同条例が地方税法に違反するとした最高裁は、徳島市公安条例事件最高裁判決を引用する。そこでは、対象及び目的・趣旨が地方税法と重複する条例の適法性判断において、同法が全国画一的規制をする趣旨であるにもかかわらずそれとは異なる規制をしたことが理由とされている。

② 　徳島市公安条例事件最高裁判決は、法令における規定の欠缺が規制の禁止を意味する場合には当該事項に関する条例の規制は法令違反になり得るとする。それによれば、例えば、屋外広告物条例の罰則として懲役刑を規定することは、条例における制裁の種類として罰金又は過料のみを認めるとする屋外広告物法に違反する。

③ 　徳島市公安条例事件で問題とされた公安条例は、全国一律的な道路交通法の規制について、地

域特性を踏まえてこれを修正する効果を持っていた。したがって、最高裁判決の射程は、分権改革によって自治体の事務となった法定事務に関して自治体がその内容を修正する条例の適法性審査にも及ぶことになる。

④　徳島市公安条例事件最高裁判決は、法令と条例が同一目的に出た場合において、法令の趣旨に着目する。そこでいう法令とは、道路交通法のような個別法のみを意味するのではなく、当該法令と目的を共通する関係法令がある場合には、その趣旨及び目的をもその射程に含めて考えることが求められている。

問64　市民参加に関する次の文章の空欄に入る語句の組合せとして妥当なものを、①〜④の中から1つ選びなさい。

> 日本の地方自治制度は、（　ア　）を基本とし、（　イ　）を限定的に規定している。一方、ＩＴ化の進展等を踏まえ、（　ウ　）のような（　イ　）を広範に採り入れることが可能になってきた。

①　ア：間接民主制　　　　イ：直接参政制度　　　ウ：住民登録
②　ア：直接参政制度　　　イ：間接民主制　　　　ウ：住民登録
③　ア：間接民主制　　　　イ：直接参政制度　　　ウ：住民投票
④　ア：直接参政制度　　　イ：間接民主制　　　　ウ：住民投票

問65　議会法制と議会基本条例に関する次の記述のうち、妥当なものを1つ選びなさい。
①　議会基本条例は、議会に関する最高規範性を有すると規定されることが一般的であるが、議会の運営に関して議会基本条例に違反する他の条例、規則を制定してはならないとは考えられていない。
②　議会基本条例は、会議規則よりも上位の法令として位置付けられており、会議規則との関係の整理・検討は必要であるとは考えられていない。
③　住民の高い関心の有無にかかわらず、議会がその機能を発揮していく装置としての役割を果たすのが議会基本条例であると考えられる。
④　議会基本条例は、議会の運営や権限行使のあり方、二元代表制の一翼を担う議会と住民のあり方などの基本的な考え方を条例化するものである。

問66　規制的な内容の自主条例の評価に関する次の記述のうち、最も妥当なものを1つ選びなさい。
①　条例の立法事実の評価は、その条例の新規制定時のときだけではなく、法制度の変更や社会の実情などに応じて、継続的に行われるべきである。ただし、立法事実の変化によって条例が違法になるということはない。
②　条例による規制内容は、目的と手段との関係で比例原則を満たさなければならないが、比例原則に違反しなければ条例制定権者の裁量に委ねられているから、条例の評価もその内容が比例原

則に反していないかどうかという観点から行われるべきである。

③　条例の評価は、条例の内容にとどまらず、規則等への委任の方法など法制執務の観点からも行われる必要があるし、条例施行後は、その運用が条例の目的を的確に達成しているかといったことも含めてなされるべきである。

④　条例に基づく処分の審査請求がなされ、審査請求人が、処分の根拠となる条例が法律に違反すると主張しても、審理員や行政不服審査会は、当該条例の法律適合性を審理・判断することはできない。

問67　法執行の見直しに関する次の記述のうち、妥当でないものを1つ選びなさい。

①　法執行は、自治体における日常の行政活動全般を通じてみられるものだが、その見直しは、法務担当課によってのみ行われる。

②　法務担当課には、行政法から民事法まで様々な法律問題が持ち込まれ、いわば役所における「よろず法律相談所」として機能しているというメリットがある。

③　法務担当課による法律相談は、個別具体の案件の見直しであり、網羅的・組織的な見直しではないというデメリットがある。

④　国が制定した法令を自治体が評価・見直すことも評価法務の取組みの一部である。

問68　政策法務と自治体法務に関する次の記述のうち、妥当でないものを1つ選びなさい。

①　自治体法務と政策法務は、二律背反の関係にある。

②　安定性、形式性を備えた自治体法務に対し、政策法務は政策指向性、創造性を有しているとされる。

③　自己決定権が拡充され、国と並ぶ政策主体となった分権時代の自治体においては、政策法務は標準装備となった。

④　政策法務には、自治体法務のプロセス自体を政策化する側面と、自治体法務を政策的に活用するという2つの側面がある。

問69　地方自治と市民参加に関する次の記述のうち、妥当なものを1つ選びなさい。

①　憲法による地方自治の制度的保障には、個別法の授権を必要としない防御的機能と法律によっても侵されない権限付与機能がある。

②　住民自治の原則とは、国等の介入を排除し、国と対等に行政を行うことをいう。

③　団体自治の原則とは、住民自らが政治に参加することによって、住民の意思を地方政治に反映させようとするものをいう。

④　意見公募手続（パブリックコメント制度）の整備や市民参加条例の制定は住民自治の原則に資するものである。

問70　評価・争訟法務に関する次の記述のうち、妥当でないものを1つ選びなさい。

①　評価・争訟法務とは、立法事実の変化や争訟の発生を契機に、自治体が法律・条例の内容や法執行の状況を評価・見直し、その結果を法執行の改善や条例の制定改廃などにつなげていく取組みである。

②　法律・条例を適切に機能させるためには、自治体が法務マネジメントサイクルを確立することが重要である。

③　自治体が法令遵守を徹底することが、評価・争訟法務の意義・目的のひとつであり、執行法務及び立法法務に違法性がなかったかどうかを評価する必要があるが、不当性は評価の対象に含まれない。

④　評価・争訟法務を通じて、自治体が住民や関係者に対する説明責任を果たすことが重要である。

第2節　解答と解説

<問1>

〔正解〕③（配点10点）

〔解説〕①は妥当である。地方自治法138条の4第2項参照。②は妥当である。選択肢に記載の通りである。③は妥当でない。「法令により」規則で定めなければならないとされている事項や、長がその権限に属する事務について定めるものが独立規則である。ほかに、条例の個別の委任を受けて制定される条例委任規則もある。④は妥当である。選択肢に記載の通りである。（政策法務テキスト42〜43頁）

<問2>

〔正解〕②（配点15点）

〔解説〕①は妥当である。地方自治法252条の17の2第1項参照。②は妥当でない。自治事務のみならず法定受託事務も含まれる。③は妥当である。地方自治法252条の17の2第2項参照。④は妥当である。地方自治法252条の17の2第3項参照。（政策法務テキスト208〜211頁）

<問3>

〔正解〕②（配点15点）

〔解説〕①は妥当である。地方分権一括法による地方自治法改正によって、機関委任事務の制度自体が廃止されており、現行法に同事務は存在しない。②は妥当でない。地方分権一括法による改正前の地方自治法14条3項では、「都道府県は、市町村の行政事務に関し、法令に特別の定があるものを除く外、条例で必要な規定を設けることができる」と定められており、都道府県がいわゆる統制条例を制定できるとされていた。しかし、同改正によって、統制条例は廃止された。③は妥当である。地方自治法245条の2は「普通地方公共団体は、その事務の処理に関し、法律又はこれに基づく政令によらなければ、普通地方公共団体に対する国又は都道府県の関与を受け、又は要することとされることはない」として、いわゆる関与法定主義を規定している。④は妥当である。地方自治法2条16項は、「地方公共団体は、法令に違反してその事務を処理してはならない。なお、市町村及び特別区は、当該都道府県の条例に違反してその事務を処理してはならない」と規定し、同条17項は、「前項の規定に違反して行つた地方公共団体の行為は、これを無効とする」と規定している。（政策法務テキスト79〜80頁）

<問4>

〔正解〕①（配点25点）

〔解説〕①は妥当である。第1回目の県民投票は、1996年9月8日に実施された。②は妥当でない。県条例成立後も、当初、沖縄市など5市が投票を実施しないとの意向を示していた。③は妥当でない。県は、事務処理の特例制度によって、市町村に投票事務を義務付けた。④は妥当でない。協議が不十分だったため、②で述べたように、投票を実施しないとの意向を示した市が現れたのである。（政策法務テキスト247頁）

＜問5＞

〔正解〕③（配点10点）

〔解説〕①は妥当でない。自治体法務のマネジメントに必要な視点は、「組織管理」、「時間管理」、「例規管理」とされている。②は妥当でない。課題解決の中心は原課であり、政策法務組織が行うのはその法的な「支援」であり、「実施」そのものではない。③は妥当である。選択肢に記載の通りである。④は妥当でない。普通地方公共団体が、市民に義務を課したり、権利の制限ができるのは法令に特別の定めがある場合を除き、条例のみであり（地方自治法14条2項）、要綱ではできない。（政策法務テキスト27〜29頁）

＜問6＞

〔正解〕③（配点10点）

〔解説〕①、②、④は妥当である。選択肢に記載の通りである。③は妥当でない。法律上の人格を有する者以外の法律上の人格を有さない団体については、「者」や「物」ではなく「もの」と表されるとされる。（政策法務テキスト96頁）

＜問7＞

〔正解〕④（配点15点）

〔解説〕①、②、③は妥当である。選択肢に記載の通りである。④は妥当でない。指定管理者制度の説明ではなく、独立行政法人制度の説明である。指定管理者制度は営利企業・公益法人・ＮＰＯ・任意団体等も含む団体を管理者として条例によって指定し、公の施設の管理・運営を包括的に代行させる制度で、2003年の地方自治法改正によって導入されたものである。（政策法務テキスト320〜321頁）

＜問8＞

〔正解〕④（配点10点）

〔解説〕①、②は妥当である。個人情報保護条例の目的において、一般的に個人の権利利益の保護及び行政の適正かつ公正な運営が規定されている。③は妥当である。個人情報保護制度の根拠は、自己情報コントロール権と解されている。④は妥当でない。個人情報保護制度について、行政活動の公平性は制度の根拠等とされていない。（政策法務テキスト282頁）

＜問9＞

〔正解〕①（配点15点）

〔解説〕定義規定や最高裁判例がない法の解釈については、当該法や該当条文の趣旨目的に則した解釈が必要とされる。ア〜ウのすべてが、この趣旨目的の探究材料となる。よって妥当なものは①となる。もっとも、いずれも材料にとどまるものであり、これらに完全に依拠する態度は法の解釈のあり方としては適切ではない。（政策法務テキスト106頁）

<問10>

〔正解〕④（配点25点）

〔解説〕①、②、③は妥当である。新型インフルエンザ等対策特別措置法45条は、2項で「要請」について規定し、3項で要請に応じないときの「指示」について規定している。そして、これらの要請及び指示を行った際には、4項で「遅滞なく、その旨を公表しなければならない」と公表を義務化している。そこで、3項の「指示」は不利益処分とされるが、これに伴う公表は、新型インフルエンザ等のまん延を防止するなどのために行われる情報提供としての措置だと解されている。したがって、③は妥当である。また、もし、①又は②のような条文構造であれば、それらの公表は、制裁的な公表だといえる。④は妥当でない。同法45条4項に基づく公表は、国（内閣官房新型コロナウイルス感染症対策推進室）の解釈によっては不利益処分ではないとされており、また、実際の運用でもこうした措置は採られていない。（政策法務テキスト132頁）

<問11>

〔正解〕③（配点15点）

〔解説〕①は妥当でない。実務においては、所管省庁の解釈が自治体の解釈を左右するのは事実であるが拘束はしない。どの解釈が妥当かは裁判所が決定する。②は妥当でない。選択肢に記載の通り、地方自治法2条12項は自治体の自主解釈権を認めたものであり、その帰結として、所管省庁と異なる解釈も認めるものである。③は妥当である。選択肢に記載の通りである。④は妥当でない。そのような一般的な理解は重要であり必要ではあるが、政省令と条例の関係は、個々に慎重に解釈すべきである。（政策法務テキスト36～37頁）

<問12>

〔正解〕④（配点25点）

〔解説〕本問は、住民同意条項の是非を問うものである。本来、行政庁の権限により行われる行政行為の許否の判断を私人が担うことになりかねない一律の住民同意は違法と判断されるが、住民同意に代わる住民調整手続を条例で設けることは可能である。①は妥当でない。法律で許可制が敷かれていたとしても、目的効果論（徳島市公安条例事件・最大判昭50・9・10刑集29巻8号489頁）の下、自治体が独自の条例を制定することは認められている。②は妥当でない。自治会長とはいえ同意しなければ一切事業ができなくなるため、財産権の侵害となる。③は妥当でない。財産権の制約を条例でどの程度まで行えるかの尺度の問題となるが、事業者が住民の意見に全く耳を傾けないのであれば、住民調整制度を設けた趣旨から適切とはいえない。難しい対応であるが、住民の意見と事業者の見解を総合的に勘案して公益上の判断を下すことは可能である。④は最も妥当である。住民同意は財産権を有する事業者が第三者である住民に働きかけることを強いるものであるが、「不同意」を働きかけるのはひとえに住民相互間である。多様な意見を持つ住民の総意として不同意を表明した場合は、公益性等を総合的に判断し不許可とすることも考えられる。なお、八戸市ラブホテル建築等規制条例では同様の規定を設けている。ただし、この場合、明確な審査基準の作成が求められる。（政策法務テキスト2～3，31～33頁）

<問13>

〔正解〕①（配点10点）

〔解説〕①は妥当である。誘導的手法は強制力を伴わない行政手法である。②は妥当でない。効果の見通しが立たないからこそ、費用対効果の検討は必要不可欠である。③は妥当でない。大阪Ｏ－157食中毒損害賠償訴訟控訴審判決・東京高判平15・5・21判時1835号77頁、損害賠償請求控訴事件・大阪高判平16・2・19訟務月報53巻2号541頁では、公表行為による風評被害等につき、国家賠償責任が認められている。④は妥当でない。行政指導は、所掌事務の範囲を逸脱してはならない。（政策法務テキスト64～65頁）

<問14>

〔正解〕③（配点15点）

〔解説〕①は妥当でない。情報公開審査会委員が、職務上知り得た秘密を漏らした場合には、罰則が規定されている例がある。②は妥当でない。開示請求者以外の個人に関する情報についても、他の情報と照合することにより開示請求者以外の特定の個人を識別することができる情報は不開示情報とされている。③は妥当である。選択肢に記載の通りである。④は妥当でない。指定管理者についても委託等についての措置等の対象としている自治体もある。（政策法務テキスト267，271，282，289～290頁）

<問15>

〔正解〕④（配点15点）

〔解説〕①は妥当である。苦情対応は、自治体による事実上のサービスであり、柔軟な対応が可能である。行政運営の改善や住民の権利利益の救済に果たしている役割は大きい。②は妥当である。苦情は自治体の行政活動に対する不服といえる。法的根拠を持たない不平不満や相談である場合も多いが、これを無視してよいことにはならない。③は妥当である。川崎市では1990年に「川崎市市民オンブズマン条例」を制定している。④は妥当でない。オンブズマンの判断には法的拘束力はなく、是正勧告や意見表明を行うにとどまる。（政策法務テキスト181～183頁）

<問16>

〔正解〕④（配点15点）

〔解説〕①、②は妥当でない。パブリックコメントは、意見の公募による充実した政策形成を狙った制度であり、提出意見における賛否の割合や否定意見の多寡とはかかわりなく運用されるべきである。③は妥当でない。パブリックコメントは、行政手続法において意見公募手続として制度化されている。ただし、国の行うパブリックコメントには同法の制度を超えて自主的な取り組みとして行われている部分もある。④は妥当である。自治体の行うパブリックコメントは、条例案を含む「重要な政策」を対象として独自に制度化される傾向がみられる。（政策法務テキスト243，248～249頁）

<問17>

〔正解〕③（配点15点）

〔解説〕①は妥当である。条例における罰則の新設に当たり、当該罰則の構成要件が明確であるか
どうかや、当該罰則を適用して立件が可能であるかどうかを判断するため、検察庁との協議が行
われることが通常であるとされるが、当該協議の実施は法令上の義務ではない。②は妥当である。
罰則の種類及び重さは義務違反による法益侵害の程度に応じたものでなければならない。このこ
とは、比例原則から導かれる要請である。③は妥当でない。条例上の義務違反に対して、改善命
令などを発したうえで、当該命令に基づく義務に違反した場合に罰則を科し得る「間接罰」はも
とより、条例上の義務に違反した時点で罰則を科すことのできる「直罰規定」を設けることは可
能である。④は妥当である。平等原則からは、同じ条件にある者などを等しく取り扱わなければ
ならない。日本国憲法14条が法の下の平等について規定している。（政策法務テキスト90頁）

<問18>

〔正解〕②（配点10点）

〔解説〕①は妥当でない。権力エリートモデルは、政策は、少数の政治的権力者の価値観やイデオ
ロギーによって決められるとする考え方である。②は妥当である。多元主義モデル（プルーラリ
ズム・モデル）は、多元社会では、多様な目標を持つ多数の利益集団が存在し、支持を広げよう
と活動するため、政策はこれらの総体的な影響力によって決められるとする考え方である。③は
妥当でない。政策コミュニティ論は、政策分野ごとに形成されるプロフェッション（専門職）の
集団やつながりである政策コミュニティが、政策の形成や執行に重要な役割を果たすことに注目
する議論である。④は妥当でない。第一線職員論（ストリートレベルの官僚制論）は、教員、警
察官など政策執行の現場で広い裁量権をもつ職員が、政策の実現に大きな役割を果たしているこ
とに注目する議論である。（政策法務テキスト311～312頁）

<問19>

〔正解〕④（配点15点）

〔解説〕①は妥当でない。滞納処分によるべき義務については地方税法15条以下において徴収の猶
予等の定めがあることに対し、民事裁判手続によるべき義務についても地方自治法施行令171条
の5以下において徴収停止等に関する定めがある。②は妥当でない。督促異議の申立てがあると、
支払督促の申立ての時点で訴えの提起があったものとみなされ（民事訴訟法395条）、通常の訴訟
手続に移行することとなる。判例は、このような場合であっても、議会の議決（地方自治法96条
1項12号）が必要であるとしている（最判昭59・5・31民集38巻7号1021頁、昭和60年2月23日
自治行16号）。③は妥当でない。滞納処分ができる義務については、民事裁判手続を用いること
はできないとするのが判例である（農業共済掛金等請求上告事件・最大判昭41・2・23民集20巻
2号320頁）。④は妥当である。権利放棄の議決（地方自治法96条1項10号）は、議会の自由裁量
によるものではなく、判例（神戸市債権放棄議決事件・最判平24・4・20民集66巻6号2583頁）は、
「放棄することが普通地方公共団体の民主的かつ実効的な行政運営の確保を旨とする」同法の「趣
旨等に照らして不合理であって」「裁量権の範囲の逸脱又はその濫用に当たると認められるとき
は、その議決は違法となり、当該放棄は無効となる」としている。（政策法務テキスト125～126頁）

＜問20＞

〔正解〕③（配点15点）

〔解説〕①は妥当でない。戦後において、新制中学地区単位を念頭において人口約8,000人を標準として取り組まれたいわゆる「昭和の大合併」がある。②は妥当でない。平成の市町村合併は、第1次地方分権改革と第2次地方分権改革の過渡期の2004年から2006年に取り組まれた。③は妥当である。選択肢に記載の通りである。④は妥当でない。「市町村の合併の特例等に関する法律」（合併新法）では、合併特例債などの財政支援措置がなくなったこともあり、合併の動きはスローダウンし、その結果、第29次地方制度調査会答申において、「1999年以来の全国的な合併推進運動については合併新法の期限である2010年3月末までで一区切りとすることが適当」とする評価がなされるに至った。（政策法務テキスト198頁）

＜問21＞

〔正解〕②（配点25点）

〔解説〕①は妥当でない。本件指名停止措置は、自治体における契約の準備行為にとどまっており、処分その他の公権力の行使とは考えられていない。このため、本件指名停止措置について、行政不服審査法に基づく審査請求をすることはできない。②は妥当である。住民（法人を含む）は、自己の法律上の利益とは関係なく、違法又は不当な当該自治体の財務会計行為について住民監査請求を提起することができる。③は妥当でない。①と同様に、本件指名停止措置は処分その他公権力の行使ではないので、当該措置の取消訴訟を提起することはできない。④は妥当でない。確かに、都道府県等自治体の一定の契約に関する本件指名停止措置についても、ＷＴＯ政府調達協定20条により、訴訟手続に準じた苦情処理措置を講じなければならないことがある。ただし、県の当該措置に対する苦情申立ては、それぞれの自治体に置かれる第三者機関に対して行うこととなっており、内閣府の政府調達苦情検討委員会に対して行うこととするものではない。（政策法務テキスト173〜175頁）

＜問22＞

〔正解〕①（配点25点）

〔解説〕アは、④コミュニタリアニズム（共同体主義）の見解である。イは、②リバタリアニズム（自由至上主義）の見解である。ウは、③リベラリズムの見解である。後段の「不平等の是正に取り組む必要がある」とするのは、20世紀のリベラリズム（ニューリベラリズム）の主張であるが、これが現在のリベラリズムの主流になっている。エは、合理的決定モデルの見解である。よって、①インクリメンタリズムがいずれの見解にも適合しない理論・モデルとなる。インクリメンタリズム（増分主義）は、政策決定は過去の政策決定を前提とし、修正すべき部分だけを検討して、よりよい政策に修正するものだというモデルである。（政策法務テキスト298〜301頁）

＜問23＞

〔正解〕④（配点15点）

〔解説〕①は妥当でない。民間企業も階統制組織（ヒエラルキー組織）をとって活動していることから官僚制を基礎にしているといえる。②は妥当でない。自治体の組織も行政として階統制組織

の集団的活動を行っており官僚制といえる。③は妥当でない。M. ウェーバーは、古代エジプトや古代中国における官僚制を家産官僚制と呼び、彼が合理的組織形態とした近代社会における官僚制（近代官僚制）と区別した。④は妥当である。選択肢に記載の通りである。（政策法務テキスト316頁）

<問24>

〔正解〕③（配点15点）

〔解説〕①は妥当である（行政事件訴訟法6条）。②は妥当である。たとえば国の関与等に関する訴訟（地方自治法251条の5）は機関訴訟の1類型である。③は妥当でない。宝塚市パチンコ店規制条例事件・最判平成14・7・9民集56巻6号1134頁は、「国又は地方公共団体が専ら行政権の主体として国民に対して行政上の義務の履行を求める訴訟は……法律上の争訟として当然に裁判所の審判の対象となるものではなく、法律に特別の規定がある場合に限り、提起することが許される」としており、新たな立法によりこのような訴訟を可能とする仕組みを設ける余地を認めている。④は妥当である。近時の国と沖縄県の間の辺野古埋立承認問題や、泉佐野市のふるさと納税除外問題など、活用事例が次々に登場している。（政策法務テキスト175頁）

<問25>

〔正解〕③（配点10点）

〔解説〕①、②、④は妥当である。選択肢に記載の通りである。③は妥当でない。三位一体の改革とは、国庫補助負担金改革、税源移譲、及び地方交付税改革を内容とする自治体の財政面の改革である。（政策法務テキスト192～200頁）

<問26>

〔正解〕②（配点10点）

〔解説〕①は妥当である。法の施行日がいつであるのかといった当該法の効果の有無は、要件規定への「当てはめ」の前提となるからである。②は妥当でない。全ての法の解釈運用が訴訟になるとは限らず、自治体に係る法の解釈運用は、第一次的には自治体の権限と責任のもとにある。③は妥当である。聴聞・弁明の機会付与のいずれも、寛大な措置を求める場ではない。④は妥当である。公文書管理法は自治体には直接には適用されないが、そのことから情報の適切な記録・管理の必要性は否定されない。仮に訴訟になった際に、情報の適切な記録・管理を行っていなかった場合、認定した事実を立証することはほぼ不可能になってしまう。（政策法務テキスト100～103頁）

<問27>

〔正解〕④（配点15点）

〔解説〕①は妥当でない。法律による行政の原理の「法律」には条例も含まれる。②は妥当でない。法律の優位の原則とは、いかなる行政活動も、法律の定めに違反してはならないということをいい、ここでの法律には条例も含まれる。③は妥当でない。法律の留保の原則とは、一般に、個人の自由や財産を侵害する行政活動については、法律によって一定の要件の下に一定の行為をする

ように授権されていなければ行い得ないことをいい、ここでの法律には条例も含まれる。④は妥当である。選択肢に記載の通りである。（政策法務テキスト3頁）

<問28>

〔正解〕③（配点15点）

〔解説〕①は妥当でない。並行条例は法律とは独立しているが、同一事項について「並行」して要件と効果を定めるため、法律上の制度と条例上の制度が競合・重複するので、法律との抵触関係が生じ得、適法性も問われる。②は妥当でない。排水基準条例は個別委任型条例であり、屋外広告物条例は包括委任型条例に分類される。③は妥当である。書き換え条例は、委任なしに法律の基準等を変更するため、「法律の範囲内」（日本国憲法94条）に収まらず違法・違憲の疑いが生じかねないことから、ほとんど事例がない。これに対し、具体化条例は、法令の具体的内容を条例によって定めるものであり、基本的には「法律の範囲内」なので、事例も少なからず存在する。④は妥当でない。条例については、条例で定めることが必要な事項について定めている「必要的事項」条例と、必ずしも条例で定めることが必要ではない事項でも自治体が重要と考えて条例に定めている「任意的事項」条例に区分でき、どちらも存在する。（政策法務テキスト39〜42頁）

<問29>

〔正解〕①（配点10点）

〔解説〕①は妥当である。地方自治法16条3項は、「条例は、条例に特別の定があるものを除く外、公布の日から起算して十日を経過した日から、これを施行する」と規定している。②は妥当でない。通常は、条例中のすべての規定が同時に施行されるものの、一部の規定について、「この条例は、令和○年○月○日から施行する。ただし、第○条の規定は、同年○月○日から施行する」といったような規定を設けることで、異なる施行期日を定めることは許される。③は妥当でない。施行期日を条例中で具体的に明記できない場合には、「この条例は、公布の日から起算して○月を超えない範囲内において、規則で定める日から施行する」というような規定が設けられることがある。④は妥当でない。日本国憲法39条は、「何人も、実行の時に適法であつた行為又は既に無罪とされた行為については、刑事上の責任を問はれない。又、同一の犯罪について、重ねて刑事上の責任を問はれない」と規定しており、刑事処罰の遡及適用の禁止を謳っている。しかし、刑罰法規以外の場合において、条例の規定の施行によって住民に利益がもたらされるときには、当該規定が遡及適用されることはある。（政策法務テキスト90〜91頁）

<問30>

〔正解〕②（配点15点）

〔解説〕①は妥当でない。個人情報保護制度では自己情報コントロール権から訂正請求が規定されているが、情報公開制度では訂正請求は規定されていない。②は妥当である。行政機関の長は、公益上特に必要があると認めるときは、当該行政文書を開示することができる（「行政機関の保有する情報の公開に関する法律」（情報公開法）7条）。③は妥当でない。情報公開法は、国の機関のみを対象としており、地方公共団体に適用されることはない。④は妥当でない。職員が職務上作成し、又は取得した文書、図画及び電磁的記録であって、当該行政機関の職員が組織的に用

いるものとして、当該行政機関が保有しているものは対象となる。(政策法務テキスト266～270頁)

<問31>

〔正解〕④（配点15点）

〔解説〕①は妥当でない。自治基本条例を制定した多くの自治体では、自治基本条例を最高規範として位置付けている。例えば、多治見市市政基本条例41条は、「この条例は、市の最高法規であり、市は、この条例に従い、市政を運営し、他の条例などを制定し、廃止し、解釈し、運用しなければなりません」と定めている。②は妥当でない。国の法令の解釈に当たっても、自治基本条例の趣旨が生かされるべきとする例は少なくない。例えば、流山市自治基本条例2条3項は、「市及び議会は、法令を解釈し、運用する場合は、この条例に照らして、適正に判断するよう努めなければなりません」とする。③は妥当でない。教育基本法について、旭川学力テスト事件上告審判決・最大判昭51・5・21判時814号33頁は、法規の規定内容から他法令に優越性を認めるとする判例であるが、このように、内容面から最高法規性を打ち出すことも可能とする考え方もある。④は妥当である。選択肢に記載の通りである。(政策法務テキスト224～225頁)

<問32>

〔正解〕①（配点10点）

〔解説〕①は妥当でない。例えば、東京都情報公開条例36条では、情報提供施策の拡充を規定している。②、③、④は妥当である。選択肢に記載の通りである。(政策法務テキスト276～277頁)

<問33>

〔正解〕②（配点10点）

〔解説〕①は妥当でない。指定管理者制度のように行政の民間化が進められており、「公務市民」という側面が拡大していることを認識すべきである。②は妥当である。行政手続法はこれを意見公募手続と呼ぶ。③は妥当でない。案件の範囲は限られるが行政の意思決定に深く関わることができる参加形態であり、公募市民の参加を制度化する例もある。もちろん、公募市民の選考には公正で透明な手続が求められる。④は妥当でない。長や議会が住民投票の結果に反する意思決定を行うことは事実上困難であろうが、それは政治的配慮からであって、法的拘束力は認められない。法律が定めた決定権限の所在を住民投票条例で変更することは許されないと考えられている。(政策法務テキスト242～244，252頁)

<問34>

〔正解〕④（配点15点）

〔解説〕①は妥当でない。確かに機関委任事務が廃止され、法の解釈運用も自治体の判断と責任の下でなされるとしても、法施行通知は、法の趣旨目的を探究する材料の1つにはなり得るため、一切参照・検討しないことは適切な態度とはいえない。②は妥当でない。類推解釈禁止原則は、厳密さは刑法より緩むかもしれないが、行政上の秩序罰規定の解釈にあっても採用されるべきものである。③は妥当でない。行政実務上の能率性や効率性を考慮することは許されるとしても、それを無条件に他の価値よりも優越させることを正当化することはできない。④は妥当である。

選択肢に記載の通りである。（政策法務テキスト102，104〜106頁）

<問35>

〔正解〕②（配点15点）

〔解説〕①は妥当でない。シンクタンクやプロジェクトチームはネットワーク型の組織の例として挙げられるものである。②は妥当である。軍隊型組織とは、軍隊のように、指揮命令系統と情報伝達が垂直的な形で一元化され、上司の命令には絶対服従が求められる組織である。こうした組織では、上位の職に権限が集中し、厳しい規律の下で部下の自由や裁量はできるだけ制限することが望ましいと考えられる。総じて、選択肢にあるように「上司と部下の垂直が重要」といえる。③は妥当でない。ネットワーク型組織では上位の職の権限は分権化される。④は妥当でない。自治体行政は軍隊型組織イメージが強い行政分野もあれば、ネットワーク型組織イメージが強い行政分野もあり、一概に軍隊型組織に近いとはいえない。（政策法務テキスト317〜318頁）

<問36>

〔正解〕③（配点15点）

〔解説〕①は妥当でない。住民の権利・利益のためには、自治体に関する国の法令の規定につき、地域特性に適合した法執行となっているかどうかを検証することが重要である。②は妥当でない。事後評価のみならず、担当課が具体的な法執行を実施する前に行う事前評価もある。③は妥当である。執行管理と執行活動のいずれを評価対象とするかによって、評価の仕方は異なってくる。④は妥当でない。組織内評価や第三者的評価に加えて、法執行を実施する原課による自己評価も、法執行評価の手法のひとつである。（政策法務テキスト146〜148頁）

<問37>

〔正解〕③（配点25点）

〔解説〕アは妥当でない。かつて法定受託事務は除外されていたが、2011年地方自治法改正により、国の安全に関すること等で政令で定めるもの以外は対象とされている。イ、ウは妥当である。地方自治法では、「議会は、この法律並びに会議規則及び委員会に対する条例に違反した議員に対し、議決により懲罰を科することができる」（134条1項）と定めているように、条例と同等のルールと位置付けており、執行機関の規則とは異なるレベルのものと理解されている。エは妥当でない。最近はこのような解釈もあり、実際に会議規則を廃止して会議条例に切り替えた議会（北海道福島町議会）もあるが、ウで説明した理解に基づき、会議規則と条例のすみわけが必要というのが一般的な理解である。（政策法務テキスト230〜236頁）

<問38>

〔正解〕④（配点25点）

〔解説〕①は妥当でない。文理解釈にあっては、「他の法律」という文言を重視し、むしろ5年の消滅時効にかからない事項が増加すると考えられる。一般の債権の時効については、民法166条1項に定めがある。②は妥当でない。逆である。文理解釈によれば、「他の法律」の範囲は、最高裁の解釈（最判昭41・11・1民集20巻9号1665頁）よりも拡大することになろう。③は妥当でな

い。法の解釈は、すべての裁判所で行うことが可能である。④は妥当である。法の解釈に当たっては、文理解釈が原則であるが、それだけでは事実を当てはめて事務処理ができず、妥当な結論を導けない場合に論理解釈が行われるという構造にある。（政策法務テキスト105頁）

<問39>

〔正解〕④（配点10点）

〔解説〕①は妥当である。もう１つの手法である「裁量的評価」は、条例の制定後、運用の段階に入ってから、必要に応じて評価を実施するものである。②は妥当である。特に、新たな制度を創設する条例や市民生活に影響を及ぼすような重要な政策条例については、制定後一定期間後の見直しを実施する必要がある。③は妥当である。たとえば、神奈川県では「神奈川県条例の見直しに関する要綱」に基づき、すでに制定されている83条例に一括して定期見直し規定を設けている。④は妥当でない。選択肢の説明文は、時限立法に関するものである。サンセット条項とは、一時的・経過措置的に実施を求められるものを対象に規定されるものであり、一定期間後は当該条項のみ効力が失われ、条例の本体自体はそのまま効果を継続する。（政策法務テキスト145～146，156～157頁）

<問40>

〔正解〕②（配点15点）

〔解説〕①は妥当でない。各大臣は緊急を要するときなどは、例外的に各大臣自ら市町村に対して是正の要求をすることが認められている（地方自治法245条の５第４項）。②は妥当である（同法245条の７第４項）。③は妥当でない。是正の要求は、必要措置を講じる法的な義務が生じる（同法245条の５第５項）。もっとも、いかなる措置の内容を講じるかは自治体が判断する。④は妥当でない。いかなる措置の内容を講じるかについても、指示に法的に拘束される（同法245条の７第１項）。（政策法務テキスト205～208頁）

<問41>

〔正解〕③（配点15点）

〔解説〕①、②、④は妥当である。選択肢に記載の通りである。行政リーガルドック事業は、予防法務を推進することで、事務事業の執行過程等における法令遵守を徹底し、もって行政運営に対する市民の信頼を確保するため実施された事業である。③は妥当でない。静岡市で実施されたリーガルドック審査では、政策法務課職員による詳細な予備審査で法的課題と論点を明確化した上で、政策法務アドバイザーによる本審査が行われた。（政策法務テキスト169～170頁）

<問42>

〔正解〕③（配点15点）

〔解説〕①は妥当である。一般廃棄物の処理自体は市町村の業務であり、市民と行政機関の協働事例とはいえないが、行政機関への協力に際し市民間協働が行われていると評価できる。②は妥当である。事業の採択の場面だけでなく、事業の提案の場面でも、対等に市民と行政機関双方が提案権をもつことが求められる。③は妥当でない。パブリックコメントは、確かにコストフルな制

度であるが、住民の意見を反映させることが唯一の目的ではなく、より多くの意見を集めるための工夫を施して、小規模自治体においてもコストに見合った成果（意見）を引き出すように運用することが重要である。④は妥当である。事業活動中あるいは活動後のチェックでは効果が得られにくいため、事前のチェックが重要であり、そのような方策のひとつとしてパートナーシップ協定がある。（政策法務テキスト248, 255～257頁）

＜問43＞

〔正解〕　②（配点10点）

〔解説〕①は妥当でない。自治体の事務処理は、最少の経費で最大の効果を挙げるものでなければならないから（地方自治法2条14項）、目的達成の程度や、生じ得る弊害に差がないといえるときは、要する労力や経費がより少なくて済む手段を選択するべきである。②は妥当である。是正措置手段の選択に際しては、法令違反事実により生じる権利利益及び公益の侵害の重大性を考慮する必要があり、これを軽視して行政指導に固執した場合には、要考慮事項の考慮不尽として、その判断過程の合理性を疑われることとなる。③は妥当でない。重要なのは、事案に応じて実効性のある手段を選択すること、つまり、その手段によって実際に法令違反事実が是正されることである。よりソフトな手段を用いることが自己目的化されてはならない。④は妥当でない。行政罰は、それによって直ちに義務履行が確保されるわけではないこと、相手方に与える影響も大きいことを考慮すると、他の手段では目的が達成できないときに選択する手段と考えるべきである。（政策法務テキスト124～125頁）

＜問44＞

〔正解〕　③（配点25点）

〔解説〕①は妥当でない。要配慮個人情報に当たる記述等について定める「個人情報の保護に関する法律施行令」2条の規定から、入れ墨をしていることを含むと解する根拠となる規定は見当たらない。なお、入れ墨をしていることが大阪市個人情報保護条例中の「その他社会的差別の原因となるおそれがあると認められる事項に関する個人情報」に当たるかどうかが争われた大阪高判平27・10・15判時2292号30頁はこれを否定し、最決平成28・11・9 D1-Law.com判例体系（判例ⅠD28244405）においても上告を棄却・不受理としたとされている（宇賀克也『個人情報保護法の逐条解説（第6版）』（有斐閣、2018年）67頁による）。②は妥当でない。特定個人情報の提供は、法律で定める場合に例外的になし得るものであって、その提供は原則的には禁止されている（「行政手続における特定の個人を識別するための番号の利用等に関する法律」（番号法）19条）。③は妥当である（「医療分野の研究開発に資するための匿名加工医療情報に関する法律」30条1項）。④は妥当でない。個人情報保護委員会は、番号法に基づく事務に関しては自治体に対して何らかの関与をなし得る可能性があるが（「個人情報の保護に関する法律」（個人情報保護法）60条及び61条参照）、個人情報保護法に基づく監督権限（同法40条以下）は、自治体には及ばない。（政策法務テキスト279～291頁）

<問45>

〔正解〕③（配点10点）

〔解説〕①は妥当である。地方自治法14条2項に規定がある。②は妥当である。手続的義務について
も、地方自治法14条2項の規定が該当する。③は妥当でない。給付行政については条例の根拠
は不要である（侵害留保原則）。④は妥当である。地方自治法14条3項に規定がある。（政策法務
テキスト54～55頁）

<問46>

〔正解〕③（配点15点）

〔解説〕①は妥当である。介護保険法146条のように、必ず条例で定めなければならない必置事項を
法律が規定している場合もある。②は妥当である。選択肢に記載の通りである。③は妥当でない。
条例で規定が置かれていない場合には、大気汚染防止法4条1項のように、法令に基づく基準が
適用される。④は妥当である。地方自治法244条の2に規定がある。（政策法務テキスト53～54頁）

<問47>

〔正解〕②（配点10点）

〔解説〕①、③、④は妥当である。②は妥当でない。行政の活動範囲が拡大するとともに、その活
動内容も複雑・多様化している今日、国民と行政の間に一定の法的紛争が生じることは不可避で
ある。こうした法的紛争を解決し、国民の権利利益の実効的な救済を図るために行政救済制度が
ある。具体的な仕組みとして、行政上の不服申立て、行政訴訟、民事訴訟、苦情対応、自治体オ
ンブズマン制度、パブリックコメントなどがある。（政策法務テキスト172頁）

<問48>

〔正解〕③（配点10点）

〔解説〕①は妥当でない。自治基本条例は、自治体の各主体に着目して「行政基本条例」、「住民参
画条例」、「議会基本条例」により構成されるものと整理できる。②は妥当でない。自治体を支え
る主体は、「行政」を実施する長や職員、自治体の構成員たる「住民」とその代表として行政の
意思決定をつかさどる「議会」の3つからなる。③は妥当である。選択肢に記載の通りである。
④は妥当でない。「自治基本条例」は、「行政基本条例」と「住民参画基本条例」を取り込んだ形
で制定され、「議会基本条例」は別立てで制定されるのが一般的である。別立てになっていても、
自治基本条例で議会の在り方等を包括的に規定し、議会基本条例でその詳細について規定する例
も多い。（政策法務テキスト221～222頁）

<問49>

〔正解〕③（配点10点）

〔解説〕①は妥当でない。民間委託とは、行政機関が事業やサービスの実施を民間組織に委託する
ことである。②は妥当でない。民営化とは、行政機関が実施してきた事業やサービスを民間組織
による事業やサービスに転換することである。③は妥当である。ＰＦＩは、「民間資金等の活用
による公共施設等の整備等の促進に関する法律」（ＰＦＩ法）によって導入された。④は妥当で

ない。市場化テストとは、公共サービスを官民競争入札・民間競争入札を活用して、最も優れた者にサービス提供を実施させる制度である。（政策法務テキスト322頁）

＜問50＞

〔正解〕④（配点15点）

〔解説〕①は妥当でない。過料を科す規定を含め、長の決裁だけで行うことができる。②は妥当でない。行政委員会の決裁だけで行うことができる。③は妥当でない。規則で過料を科すことができるのは、規則違反に対してのみである（地方自治法15条２項）。④は妥当である。選択肢に記載の通りである。（政策法務テキスト55～56頁）

＜問51＞

〔正解〕③（配点15点）

〔解説〕①は妥当でない。自治体が私人の義務違反を正当な理由なく放置することは、義務を履行しているその他の私人との間で著しい不公平を生むこととなる。そのような不公平や、法治主義の空洞化を回避するため、自治体は、できる限り速やかに是正を図らなければならない。②は妥当でない。通報はきっかけに過ぎないと考えるべきものであり、自治体の機関は、通報者（住民）に転嫁することなく、あくまで自らの責任において必要な調査をして、通報のあった事実の存否とそれが法令に違反しているかどうかを認定する必要がある。③は妥当である。画像や動画などのデジタルデータは、改変が容易であり、改変しても外形上痕跡が残らないという性質があるため、取り扱いには一層の慎重さが求められる。④は妥当でない。相手方が任意に協力を申し出ている場合は、法令上、具体的な根拠規定がなくとも、その協力を得て調査を行うことに問題はない。ただし、この調査（任意調査）は、行政指導に該当するため、行政手続法（32～36条の２）が定める要件を逸脱することがないよう注意が必要である。（政策法務テキスト121～122頁）

＜問52＞

〔正解〕①（配点15点）

〔解説〕①は妥当でない。届出制においては、その対象となっている行為について、届出を受けた行政庁から諾否の判断を得る必要はない。行政手続法２条７号は、「行政庁に対し一定の事項の通知をする行為（中略）であって、法令により直接に当該通知が義務付けられているもの（中略）をいう」と規定している。一方で、許認可等の申請については、「行政庁が諾否の応答をすべき」（同条３号）とされているが、届出についてはそのような対応は規定されていない。②は妥当である。届出制は上記のような制度であり、その違反者には罰則が科され得る。③は妥当である。許可制とは、公共の安全や秩序の維持などの公益上の理由から法令により一般的に禁止されている行為について、特定の場合にその禁止を解いてその行為を適法に行えるようにする制度のことであり、医師法２条及び道路交通法84条とも「免許」の文言を用いているが、許可制の典型例といえる。④は妥当である。許可制は上記のような制度であり、その違反者には罰則が科され得る。（政策法務テキスト73～74頁）

<問53>

〔正解〕③（配点10点）

〔解説〕①は妥当でない。是正の要求を受けた自治体は、是正又は改善のための必要な措置を講じなければならない義務を負うこととなる（地方自治法245条の5第5項）。ただし、是正又は改善の具体的な措置内容については、自治体の裁量によるとされる。②は妥当でない。「是正の指示」は「法定受託事務」の処理に関し行われる国の関与であり（地方自治法245条の7）、設問のように「自治事務」の処理に関し行われるのは「是正の要求」である（同法245条の5）。③は妥当である。関与が技術的助言として行われる限り、これに法的拘束性はない。なお、「助言」とは、客観的に適当と認められ得る行為を促したり、その行為を行うに当たり必要な事項を示したりする行為形態であり、「技術的」とは、主観的な判断又は意思の入らないことをいうものと解されている。④は妥当でない。設問のような照会回答は、担当の職員が職責の範囲で質疑応答を行っているに過ぎないため、これが常に地方自治法上の技術的助言とはいえない。（政策法務テキスト137〜138頁）

<問54>

〔正解〕③（配点10点）

〔解説〕①は妥当である。受動的評価法務とは、住民による争訟の提起といった行政組織の外在的要因を契機として条例や法執行を見直すものである。②は妥当である。原課職員が、争訟法務を非日常的業務として捉え、当事者意識・責任意識に欠けると、自己評価は機能しなくなるおそれがある。③は妥当でない。組織内評価において、事実調査や主張・立証を行うのは原課であり、法務担当課は適切な助言をするなど、原課の争訟対応を支援する立場にある。④は妥当である。特に重大な事件・事故の場合には、事実検証のための組織を、行政関係者だけではなく外部の専門家や住民をメンバーとして設置することも考えられる。（政策法務テキスト151〜152頁）

<問55>

〔正解〕②（配点10点）

〔解説〕①は妥当でない。一定の関与類型については、直接、地方自治法を根拠として行うことができる（地方自治法245条の4〜245条の8）。②は妥当である。選択肢に記載の通りである（同法245条、245条の3第1項）。③は妥当でない。例えば、是正の勧告は都道府県から市町村の自治事務の処理に対してのみなされ（同法245条の6）、法定受託事務の処理についてはできない。④は妥当でない。非権力的なものと理解されている「技術的な助言又は勧告」や「資料の提出の要求」も関与の類型として定められている（同法245条1号イ、ロ）。（政策法務テキスト205〜208頁）

<問56>

〔正解〕④（配点10点）

〔解説〕①、②、③は妥当である。選択肢に記載の通りである。④は妥当でない。通則的な規定で条例による国の法令の「上書き」権を保障することについては、法律の制定は国権の最高機関である国会において行われること、自治体の条例制定権は法律の範囲内とされていること等から見

送られている。（政策法務テキスト211〜213頁）

＜問57＞

〔正解〕②（配点10点）

〔解説〕①は妥当である。なお、相隣関係など純粋に私人間の問題であれば、当事者間の話合いや民事訴訟等の司法手続に委ねればよく、あえて行政機関が対応する必要はないため、公共政策には該当しない。②は妥当でない。最近ではＮＰＯ（非営利団体）やボランティアなどによる公共的な活動が重要になっている。公共政策とは、こうした様々な主体の活動を全体として秩序あるものにするための方針（計画、案）を指す。③、④は妥当である。目的が明示されていないものや、目的はあってもそれを実現するための具体的な手段を示していないスローガン的なものは、単独では活動の指針として機能しないため、公共政策とはいえない。（政策法務テキスト294頁）

＜問58＞

〔正解〕②（配点10点）

〔解説〕①は妥当である。地方公務員も憲法尊重義務を負う。②は妥当でない。自治体職員も憲法を理解しておく必要がある。③、④は妥当である。選択肢に記載の通りである。（政策法務テキスト４〜５頁）

＜問59＞

〔正解〕①（配点10点）

〔解説〕①は妥当でない。地方自治法１条の３第２項及び第３項によれば、「普通地方公共団体は、都道府県及び市町村とする」と定められており、「特別区」は、特別地方公共団体として定められている。②は妥当である。地方自治法２条５項は「都道府県は、市町村を包括する広域の地方公共団体として、第２項の事務で、広域にわたるもの、市町村に関する連絡調整に関するもの及びその規模又は性質において一般の市町村が処理することが適当でないと認められるものを処理するものとする」と規定している。③は妥当である。地方自治法10条１項は、「市町村の区域内に住所を有する者は、当該市町村及びこれを包括する都道府県の住民とする」と規定している。④は妥当である。地方自治法２条３項は「市町村は、基礎的な地方公共団体として、第５項において都道府県が処理するものとされているものを除き、一般的に、前項の事務を処理するものとする」と規定している。（政策法務テキスト79頁他）

＜問60＞

〔正解〕④（配点10点）

〔解説〕①、②、③は妥当である。選択肢に記載の通りである。④は妥当でない。行政機関への反発からどんな対応にも抵抗する「反抗者」には、「制止戦略」しか有効な戦略はない。（政策法務テキスト314〜315頁）

<問61>

〔正解〕③（配点10点）

〔解説〕①は妥当である。裁量統制とは、行政「による」統制作用ではなく、行政「に対する」その裁量権行使への統制のことである。②は妥当である。行政指導についても、例えば、一定の要件に該当する者に対して等しく行政指導を行う場面については、行政指導指針を設定することが行政手続法で規定されており（同法36条）、自治体に対しても、この趣旨にのっとり必要な措置を講じるよう努めることが求められている（同法46条）。③は妥当でない。裁量の逸脱濫用を裁判所は違法と判断するため、法廷において裁量の判断過程が合理的であることを説明できることが必要となる。④は妥当である。法令等の趣旨に適合した裁量基準の設定と、その制定後の適正性を確保することが求められる。（政策法務テキスト110，114，117，119頁）

<問62>

〔正解〕③（配点15点）

〔解説〕①は妥当でない。「政策段階論」について説明した記述である。②は妥当でない。「アジェンダ設定論」について説明した記述である。③は妥当である。「政策の窓」モデルは、政策決定のプロセスには、問題の認識、政策案の形成、政治の3つの流れがあり、これらがある時期に合流すると「政策の窓」が開かれ、政策が決定にいたるが、「政策の窓」が開かれるのは短い期間であるため、その機会を逃すと再び窓が開くまで待たなければならないとするものである。④は妥当でない。「政策波及」モデルについて説明した記述である。（政策法務テキスト310頁）

<問63>

〔正解〕②（配点25点）

〔解説〕①は妥当でない。神奈川県臨時特例企業税条例事件（最判平25・3・21民集67巻3号438頁）において、最高裁は、地方税法と同条例の関係について、対象は重複するが両者は目的・趣旨を異にしていると整理している。②は妥当である。屋外広告物法34条参照。③は妥当でない。徳島市公安条例は、集団示威行動に対して、道路交通法とは独立して規制をするものであるため、道路交通法を修正する効果は有していない。④は妥当でない。徳島市公安条例事件最高裁判決（最大判昭50・9・10刑集29巻8号489頁）が念頭に置いていたのは、個別法のみである。この点、分権時代においては、日本国憲法92条を踏まえて個別法の趣旨を把握することが求められている。（政策法務テキスト50～53頁）

<問64>

〔正解〕③（配点10点）

〔解説〕空欄アには「間接民主制」、空欄イには「直接参政制度」、空欄ウには「住民投票」が入る。日本の地方自治制度が間接民主制を基本とすることは、日本国憲法93条から読み取ることができる。議事機関として議会が設置されることから（同1項）、自治体運営上の重要事項は議会の議決によることが予定され、住民は、長や議員を選挙するという形でそこに間接的に関わる立場となる（同2項）。日本国憲法92条が「地方自治の本旨に基いて」自治体の組織と運営を定めるものと規定した法律である地方自治法も、いくつかの直接参政制度を例外的に（対象を限定して）

規定するにとどまる。なお、そのひとつとして、日本国憲法が唯一定める直接参政制度ともいうべき地方自治特別法に基づく住民投票がある（日本国憲法95条、地方自治法261条）。ＩＴの進展により住民基本台帳の「住民登録」システムも変化したが、それ自体は政治参加の仕組みではなく、問題文の文脈からすると、空欄ウでは直接参政制度として注目される「住民投票」を選ぶべきである。よって、妥当なものの組合せは③となる。（政策法務テキスト244頁）

＜問65＞

〔正解〕④（配点10点）

〔解説〕①は妥当でない。議会基本条例は、議会に関する最高規範性を有すると規定されることが一般的であり、議会の運営に関して議会基本条例に違反する他の条例、規則を制定してはならないこと、また、関係法令は議会基本条例に基づき解釈運用されることとなる。②は妥当でない。一般的に議会基本条例は、会議規則よりも上位の法令として位置付けられるが、会議規則との関係の整理・検討は必要となると考えられている。また、議会基本条例と会議規則とを対等とする例もある。例えば、三重県議会基本条例の制定に当たって、三重県議会は、議会基本条例と会議規則とが対等であるとの見解を示している。③は妥当でない。住民の高い関心を引きつけながら、議会がその機能を発揮していく装置としての役割を果たすのが、議会基本条例である。④は妥当である。選択肢に記載の通りである。（政策法務テキスト235～237頁）

＜問66＞

〔正解〕③（配点25点）

〔解説〕①は最も妥当なものであるとはいえない。前段は妥当である。後段については、立法事実の変化によって法律の規定が憲法違反とされる最高裁判決がいくつか出されていることを考えると、制定時には適法とされる条例であっても、立法事実の変化によって違法となる可能性は否定できない。②は最も妥当なものであるとはいえない。比例原則とは、目的と手段の均衡がとれていることを求める考え方であり、諸説があるものの、標準的な説によれば、この原則を満たすための具体的な基準として（規制の）必要最小限性が要求されている。すなわち、比例原則は、目的を達成する場合に規制を必要最小限とすることを求める考え方である。③は最も妥当なものであるといえる。たとえば規制の目的や施行規則も含めた内容が適切な条例であっても許可基準を全て規則に委任するようなものについては、規制的事項条例主義（地方自治法14条２項）・白紙委任の禁止原則の趣旨に照らして妥当でないから、条例について法制執務上の観点からの評価が必要となる。また、条例施行後は条例の実施状況も含めて評価をするのが適切である。④は最も妥当なものであるとはいえない。審査請求において審理員や行政不服審査会は、処分の違法性のみならず、不当性も審理・判断することができる。そのような審理員や審査会の役割を考えれば、条例の適法性も審理・判断できる能力は備わっていると考えられる。もっとも、制度内容への言及は、審査会の付言（建言・提案）として行うのが無難であろう。（政策法務テキスト155～162頁）

＜問67＞

〔正解〕①（配点15点）

〔解説〕①は妥当でない。法執行の見直しは、法務担当課のみならず、すべての職員にかかわるも

のである。②は妥当である。原課、法務担当課、弁護士の連携によって、法令遵守の確保のみならず、地域の実情に即した自主法令解釈を促進する装置となり得るといったメリットもある。③は妥当である。法律相談とは異なる新しい法執行評価のシステムとして、行政リーガルドック事業などが参考になる。④は妥当である。自治体が法執行を評価した結果、国の法令自体に不備があり、それを改めることが必要であると判明する可能性があるため、国法評価の必要性は、法執行の評価と密接に関わる。（政策法務テキスト162〜168頁）

<問68>

〔正解〕①（配点10点）

〔解説〕①は妥当でない。政策法務は自治体法務全体の中核を担うが、その前提として従前自治体法務とみなされてきた基礎法務や審査法務も不可欠である。②、③、④は妥当である。選択肢に記載の通りである。（政策法務テキスト10〜12頁）

<問69>

〔正解〕④（配点15点）

〔解説〕①は妥当でない。個別法の授権を必要としない権限付与機能と、法律によっても侵されない防御的機能がある。②は妥当でない。説明は団体自治の原則である。③は妥当でない。説明は住民自治の原則である。④は妥当である。選択肢に記載の通りである。（政策法務テキスト5〜7頁）

<問70>

〔正解〕③（配点10点）

〔解説〕①は妥当である。評価・見直しの結果を立法法務や執行法務の改善につなげる点で、評価法務と争訟法務は共通する部分が大きい。②は妥当である。法務マネジメントサイクルとは、Plan（立法）→Do（法執行）→Check−Action（評価）のサイクルを指す。③は妥当でない。執行法務及び立法法務に違法性・不当性がなかったかどうかを評価することが、評価・争訟法務では必要である。④は妥当である。行政機関における説明責任（accountability）とは、行政が実施する政策の目的、方法、効果、費用等について、主権者たる国民・住民や政策の直接的・間接的利害関係者に対して自ら説明し、理解を求めることである。（政策法務テキスト142〜144頁）

自治体法務検定（2020年度）解答用紙（基本法務）

問題番号	解答
1	
2	
3	
4	
5	
6	
7	
8	
9	
10	
11	
12	
13	
14	
15	
16	
17	
18	
19	
20	
21	
22	
23	
24	
25	
26	
27	
28	
29	
30	
31	
32	
33	
34	
35	

問題番号	解答
36	
37	
38	
39	
40	
41	
42	
43	
44	
45	
46	
47	
48	
49	
50	
51	
52	
53	
54	
55	
56	
57	
58	
59	
60	
61	
62	
63	
64	
65	
66	
67	
68	
69	
70	

自治体法務検定（2020年度）解答一覧（基本法務）

問題番号	解答	配点
1	②	15
2	③	10
3	④	10
4	④	10
5	②	10
6	②	25
7	③	10
8	①	15
9	②	15
10	③	15
11	①	15
12	②	10
13	①	10
14	④	15
15	③	25
16	③	25
17	④	15
18	②	10
19	④	10
20	④	15
21	①	15
22	②	10
23	①	15
24	③	10
25	②	15
26	②	25
27	②	15
28	②	15
29	③	15
30	③	10
31	④	10
32	②	10
33	③	10
34	④	10
35	③	15

問題番号	解答	配点
36	④	15
37	④	25
38	②	10
39	④	15
40	③	10
41	③	15
42	①	10
43	④	25
44	④	15
45	②	15
46	②	10
47	②	25
48	④	25
49	②	10
50	②	15
51	②	15
52	③	25
53	④	25
54	③	15
55	④	10
56	①	15
57	④	15
58	④	15
59	③	10
60	①	10
61	③	10
62	②	15
63	③	10
64	③	15
65	②	15
66	④	15
67	③	10
68	④	10
69	③	10
70	③	10

自治体法務検定（2020年度）解答用紙（政策法務）

問題番号	解答
1	
2	
3	
4	
5	
6	
7	
8	
9	
10	
11	
12	
13	
14	
15	
16	
17	
18	
19	
20	
21	
22	
23	
24	
25	
26	
27	
28	
29	
30	
31	
32	
33	
34	
35	

問題番号	解答
36	
37	
38	
39	
40	
41	
42	
43	
44	
45	
46	
47	
48	
49	
50	
51	
52	
53	
54	
55	
56	
57	
58	
59	
60	
61	
62	
63	
64	
65	
66	
67	
68	
69	
70	

自治体法務検定（2020年度）解答一覧（政策法務）

問題番号	解答	配点
1	③	10
2	②	15
3	②	15
4	①	25
5	③	10
6	③	10
7	④	15
8	④	10
9	①	15
10	④	25
11	③	15
12	④	25
13	①	10
14	③	15
15	④	15
16	④	15
17	③	15
18	②	10
19	④	15
20	③	15
21	②	25
22	①	25
23	④	15
24	③	15
25	③	10
26	②	10
27	④	15
28	③	15
29	①	10
30	②	15
31	④	15
32	①	10
33	②	10
34	④	15
35	②	15

問題番号	解答	配点
36	③	15
37	③	25
38	④	25
39	④	10
40	②	15
41	③	15
42	③	15
43	②	10
44	③	25
45	③	10
46	③	15
47	②	10
48	③	10
49	③	10
50	④	15
51	③	15
52	①	15
53	③	10
54	③	10
55	②	10
56	④	10
57	②	10
58	②	10
59	①	10
60	④	10
61	③	10
62	③	15
63	②	25
64	③	10
65	④	10
66	③	25
67	①	15
68	①	10
69	④	15
70	③	10

自治体法務検定（2020年度）分野別出題一覧

◎基本法務

分野	出題番号
序章 （基本法務を学ぶ にあたって）	2
	21
第1章 （憲法）	4
	11
	14
	18
	27
	37
	51
	59
	68
第2章 （行政法）	10
	17
	20
	26
	31
	32
	33
	36
	43
	46
	48
	50
	58
	70
第3章 （地方自治法）	6
	7
	9
	12
	13
	19
	23
	28
	30
	34

分野	出題番号
第3章 （地方自治法）	35
	41
	45
	47
	53
	54
	55
	56
	57
	61
	63
	64
	66
	69
第4章 （民法）	1
	5
	8
	15
	22
	24
	25
	39
	42
	49
	52
	60
	62
	65
	67
第5章 （刑法）	3
	16
	29
	38
	40
	44

◎政策法務

分野	出題番号
第1章 （自治体法務とは）	1
	5
	11
	12
	27
	28
	58
	68
	69
第2章 （立法法務の基礎）	3
	6
	13
	17
	29
	45
	46
	50
	52
	59
	63
第3章 （解釈運用法務の 基礎）	9
	10
	19
	26
	34
	38
	43
	51
	53
	61
第4章 （評価・争訟法務）	15
	21
	24
	36
	39

分野	出題番号
第4章 （評価・争訟法務）	41
	47
	54
	66
	67
	70
第5章 （自治制度の改革）	2
	20
	25
	31
	37
	40
	48
	55
	56
	65
第6章 （市民参加と 市民協働）	4
	16
	33
	42
	64
第7章 （情報公開と 個人情報保護）	8
	14
	30
	32
	44
第8章 （公共政策と 自治体法務）	7
	18
	22
	23
	35
	49
	57
	60
	62

サービス・インフォメーション

―― 通話無料 ――

①商品に関するご照会・お申込みのご依頼
　　　　　　TEL 0120 (203) 694／FAX 0120 (302) 640
②ご住所・ご名義等各種変更のご連絡
　　　　　　TEL 0120 (203) 696／FAX 0120 (202) 974
③請求・お支払いに関するご照会・ご要望
　　　　　　TEL 0120 (203) 695／FAX 0120 (202) 973

●フリーダイヤル（TEL）の受付時間は、土・日・祝日を除く
　9：00～17：30です。
●FAXは24時間受け付けておりますので、あわせてご利用ください。

自治体法務検定問題集
2020年度版

2020 年 12 月 15 日　初版発行
編　集　自治体法務検定委員会（委員長 塩野　宏）
発行者　田 中 英 弥
発行所　第一法規株式会社
　　　　〒107－8560　東京都港区南青山 2－11－17
　　　　ホームページhttps://www.daiichihoki.co.jp/

自治検問題集20　ISBN 978－4－474－07447－7　C0031　　(6)